DESAPARICIONES MISTERIOSAS

Extraños Casos de Personas Desaparecidas que Han Dejado al Mundo Confuso

GREG DEL CASTILLO

© **Copyright 2021 – Greg Del Castillo - Todos los derechos reservados.**

Este documento está orientado a proporcionar información exacta y confiable con respecto al tema tratado. La publicación se vende con la idea de que el editor no tiene la obligación de prestar servicios oficialmente autorizados o de otro modo calificados. Si es necesario un consejo legal o profesional, se debe consultar con un individuo practicado en la profesión.

- Tomado de una Declaración de Principios que fue aceptada y aprobada por unanimidad por un Comité del Colegio de Abogados de Estados Unidos y un Comité de Editores y Asociaciones.

De ninguna manera es legal reproducir, duplicar o transmitir cualquier parte de este documento en forma electrónica o impresa.

La grabación de esta publicación está estrictamente prohibida y no se permite el almacenamiento de este documento a menos que cuente con el permiso por escrito del editor. Todos los derechos reservados.

La información provista en este documento es considerada veraz y coherente, en el sentido de que cualquier responsabilidad, en términos de falta de atención o de otro tipo, por el uso o abuso de cualquier política, proceso o dirección contenida en el mismo, es responsabilidad absoluta y exclusiva del lector receptor. Bajo ninguna circunstancia se responsabilizará legalmente al editor por cualquier reparación, daño o pérdida monetaria como consecuencia de la información contenida en este documento, ya sea directa o indirectamente.

Los autores respectivos poseen todos los derechos de autor que no pertenecen al editor.

La información contenida en este documento se ofrece únicamente con fines informativos, y es universal como tal. La presentación de la información se realiza sin contrato y sin ningún tipo de garantía endosada.

El uso de marcas comerciales en este documento carece de consentimiento, y la publicación de la marca comercial no tiene ni el permiso ni el respaldo del propietario de la misma.

Todas las marcas comerciales dentro de este libro se usan solo para fines de aclaración y pertenecen a sus propietarios, quienes no están relacionados con este documento.

Índice

Introducción	vii
1. Johnny Gosch	1
2. Los niños Beaumont	9
3. Jim Thompson	15
4. Bryan Shaffer	23
5. Zebb Quinn	31
6. El triángulo de las desapariciones de Irlanda	37
7. Ambrose Small	41
8. Dorothy Arnold	51
9. Paula Jean Welden	57
10. Charley Ross	63
11. La tripulación del Carroll A. Deering	69
12. Las tres de Springfield	75
13. Virginia Carpenter	85
14. Rudolf Diesel	91
15. Vuelo 370	97
16. Colonia perdida de Roanoke	105
17. Mary Shotwell	121
18. Ambrose Bierce	127
19. Owen Parfitt	133
20. Bruce Campbell	147
21. Jodi Huisentruit	155
22. Bonnie Bickwit y Mitchel Weiser	161
Conclusión	165

Introducción

Desde comunidades enteras desaparecidas hasta pequeños niños indefensos, en este libro encontrarás historias que atraparán tu mente amante del misterio, te llenarán de incertidumbre y seguramente generarás tus propias teorías acerca de lo que pudo haber pasado con cada una de estas extrañas desapariciones.

Inexplicables, perturbadoras e inesperadas. Antiguas y recientes. Cada uno de los nombres que leerás a continuación tiene una historia única y las circunstancias de su desaparición han sido completamente diferentes. Imagina un día abordar un avión del que tú y los demás pasajeros no regresarán nunca, pasar un buen día en la playa para nunca volver, o planear ir a un concierto con tu primer amor y que nadie sepa de ustedes después… Esto es un poco de lo que podrás encontrar en las siguientes páginas.

Introducción

El misterio nos atrapa porque no sólo trabaja nuestra imaginación, sino que nos motiva a encontrar respuestas y a cuestionar los datos que tenemos. Es por esto que estoy seguro de que este libro se convertirá en uno de tus favoritos de ahora en adelante, porque cuenta historias de las que seguramente querrás encontrar muchas explicaciones.

Al comenzar esta recopilación de misteriosas desapariciones, especialmente hechas para ti, estás por comenzar un viaje que te permitirá ser tu propio/a detective, y unir las piezas y pruebas que, a lo largo de los años, han surgido de estas nuevas e inquietantes historias. ¿Crees poder resolver estos misterios que, después de años, aún no encuentran respuesta? Ya lo veremos, mientras tanto, ¡disfruta tu lectura!

1

Johnny Gosch

HAN PASADO MÁS de tres décadas desde que Johnny Gosch, de 12 años, desapareció mientras estaba en su ruta de repartidor de periódico en un suburbio de Des Moines, Iowa. El caso es desgarrador y aún más inquietante por las extrañas teorías que ahora buscan explicar su desaparición.

Aquella mañana del 5 de septiembre de 1982 empezó como cualquier otra para la familia Gosch. Johnny emprendió la ruta del periódico local; sin embargo, ese día en particular, su padre no lo acompañó como solía hacerlo. A las 6:00 am, los Gosch recibieron llamadas de sus vecinos quejándose de que sus periódicos no habían sido entregados.

. . .

El padre de Johnny, John, se dispuso a registrar el vecindario. A solo dos cuadras de la casa de la familia, John encontró el carrito de su hijo, abandonado, lleno de periódicos sin entregar. Johnny no estaba por ningún lado.

No había testigos en el momento de la desaparición de Johnny, aunque un vecino afirmó más tarde que había visto a Johnny y a otro repartidor de periódicos hablando con un hombre que conducía un Ford Fairmont convertible. Otro vecino también informó haber visto a un hombre en un automóvil azul hablando con Johnny. Sin embargo, sin más pruebas de secuestro, los Gosch enfrentaron obstáculos considerables para convencer a la policía de que su hijo había sido secuestrado.

Después de una búsqueda de 23 días, las autoridades no pudieron descubrir ninguna evidencia sobre el paradero de Johnny o cualquier motivo de su secuestro. Sus padres, en particular su madre, Noreen Gosch, presionaron intensamente para mantener el caso a la vista del público. Debido a que las fuerzas del orden tardaron tanto en responder, John y Noreen Gosch se vieron obligados a tomar el asunto en sus propias manos. Pudieron hacer que la desaparición de Johnny apareciera en múltiples titulares en todo el país: salieron a la televisión y distribuyeron más de 10,000 carteles con la foto de Johnny.

El mismo año en que Johnny desapareció, Noreen

estableció una fundación a nombre de su hijo. La organización impulsó una legislación que exigía una respuesta policial inmediata a los informes de niños desaparecidos.

El proyecto de ley se convirtió en ley estatal en 1984, después de recibir el apoyo de personas como John Walsh, el presentador de *America's Most Wanted*, cuyo propio hijo fue secuestrado y asesinado en 1981. El proyecto de ley Johnny Gosch ahora requiere que la policía investigue los casos de niños desaparecidos de inmediato, en vez de esperar 72 horas como lo habían hecho en el caso de Johnny. Además, el rostro de Johnny apareció en un cartón de leche en 1984: uno de los primeros niños desaparecidos cuyo caso se publicitó de esa manera.

Luego, solo unos años después, la historia de Johnny pasó de trágica a completamente extraña. En 1989, un hombre llamado Paul Bonnaci se presentó con algunas afirmaciones impactantes. Afirmó que había sido secuestrado por traficantes de personas cuando era adolescente y se vio obligado a ayudar en el secuestro de Johnny Gosch.

Bonnaci afirmó que la red capacitó a los niños para trabajar para el gobierno y participar en actos sexuales con el fin de hacer posible el chantaje a los políticos. Este anillo sexual, afirmó Bonnaci, fue obra de un hombre llamado Lawrence E. King, entonces director de Franklin Credit Union en Omaha, Nebraska.

Bonnaci afirmó que conocía a Johnny: identificó una marca de nacimiento en el pecho de Johnny y dijo que Johnny había hablado de ir a clases de yoga con su madre, un hecho que su familia no había compartido con el público. Debido a que pudo proporcionar detalles íntimos de Gosch, tanto John como Noreen creyeron que estaba diciendo la verdad. Sin embargo, el FBI no consideró a Bonnaci un testigo creíble - él sufría de un trastorno de personalidad múltiple y tenía un pasado delincuente. Creyeron que su testimonio era un engaño y se negaron a buscar una acusación contra King. En 1990, dos acusadores contra Franklin fueron acusados de perjurio.

Pasaron los años sin nuevas pistas. Luego, en 1997, Noreen afirmó que una madrugada, a las 2:30 a.m., se despertó con el sonido de un golpe. Cuando abrió la puerta de su casa, su hijo Johnny, ahora de 27 años, estaba parado allí con un hombre al que nunca había visto antes. Noreen afirmó que los dos entraron en su apartamento y que hablaron durante más de una hora antes de partir.

"*Johnny buscaría la aprobación de la otra persona para hablar*", le dijo al Des Moines Register, "*no dijo dónde estaba viviendo ni adónde iba*". Aunque Noreen trabajó con el FBI para crear un nuevo boceto de la apariencia actual de Johnny, el caso se enfrió nuevamente. Ella afirmó que no se comunicó con la policía cuando Johnny apareció porque le advirtió que hacerlo sería perjudicial para su seguridad.

Noreen afirma que su hijo confirmó que había sido víctima de una organización pedófila y que lo habían dejado de lado cuando creció. Sin embargo, todavía temía por su vida y vivía bajo una nueva identidad, por lo que no consideraba seguro regresar a casa. John ha manifestado su incertidumbre sobre si la visita ocurrió o no: la pareja está divorciada desde 1993.

El siguiente acontecimiento extraño se produjo el 1 de septiembre de 2006. Noreen Gosch regresó a casa y encontró varias fotografías inquietantes en la puerta de su casa. Afirmó que una de las fotos mostraba a Johnny, atado y amordazado, con una marca en el hombro. Otra foto mostraba a tres niños atados y amordazados. Solo dos semanas después, el departamento de policía de Des Moines recibió una carta anónima que decía:

Caballeros, alguien le ha gastado una broma reprensible a una madre en duelo. La foto en cuestión no es de su hijo, sino de tres niños en Tampa, Florida alrededor de 1979-80, desafiándose mutuamente en un concurso de escape.

. . .

Hubo una investigación sobre esa imagen, realizada por la Oficina del Sheriff del Condado de Hillsborough (FL). No se presentaron cargos y no se estableció ninguna infracción. El detective principal del caso se llamaba Zalva. Esta acusación debería ser bastante fácil de verificar.

De hecho, el detective de Florida llamado Nelson Zalva confirmó que había investigado la foto de los tres niños y no pudo encontrar evidencia de que hubiera ocurrido algo criminal. A pesar de esto, Noreen sostiene que la otra fotografía es de hecho de Johnny, que fue víctima de una red de prostitución infantil en Omaha, Nebraska, y que hay un encubrimiento que se extiende desde la policía local hasta el FBI.

Dos desapariciones similares en el área podrían respaldar la teoría de la existencia de algún depredador infantil activo. En 1984, Eugene Martin, otro joven repartidor de periódicos, desapareció en su ruta en las primeras horas de la mañana.

En 1986, Marc Warren Allen, de 13 años, desapareció de camino a la casa de un amigo al final de la calle.

. . .

Han surgido algunas teorías sobre el paradero actual de Johnny Gosch. Noreen cree firmemente en la teoría de la prostitución y que la investigación se ha visto obstaculizada por la influencia de políticos y celebridades involucradas en la supuesta red. Aunque esta teoría no ha sido rechazada oficialmente, la policía de Des Moines ha declarado que no hay evidencia que sugiera que Johnny fuera parte de una red de pedófilos.

Conectada con esta estrafalaria teoría hay una conspiración más profunda: que la identidad de Johnny Gosch ha cambiado desde su secuestro. El columnista conservador con un seudónimo conocido como Jeff Gannon (nombre legal James Guckert) fue parte de una pequeña tormenta mediática en 2005. Aunque no estaba calificado para el trabajo, Gannon fue parte de las conferencias de prensa diarias con el presidente George Bush. Finalmente, fue obligado a renunciar a su trabajo después de que saliera a la luz su uso de los servicios de acompañantes masculinos.

Ciertos especuladores de Internet, que ya estaban nerviosos por la capacidad de Gannon para acceder a las reuniones informativas presidenciales, juntaron dos y dos de maneras extrañas. Pronto, las afirmaciones de que Gannon era en realidad el amante o ex esclavo sexual de George Bush fueron absorbiendo los foros de teoría de la conspiración. Luego, se notaron similitudes visuales entre Gannon y el secuestrado Johnny Gosch, y la repetición de

JG de los alias de Gannon pareció sellar el trato. Noreen Gosch le ha pedido a Gannon que se someta a una prueba de ADN para demostrar si es o no su hijo, pero Gannon se negó.

¿Qué le sucedió realmente a Johnny Gosch ese fatídico día de 1982? ¿Podría estar relacionada la erupción de desapariciones? Lamentablemente, décadas después, el caso sigue sin resolverse.

2

Los niños Beaumont

GLENELG ES un popular suburbio costero en Adelaide, Australia del Sur. Las soleadas playas de la ciudad alivian el bullicio urbano y las multitudes llegan a relajarse allí durante los meses de verano. Pero en un día brillante de enero, la oscuridad se acumuló en las costas de Glenelg.

Era el día de Australia, el 26 de enero de 1966, la festividad nacional del país, y hacía un calor abrasador en Adelaide. Los niños de la familia Beaumont se dirigían a la playa para nadar un rato. Jane, la mayor con 9 años cumplidos, era responsable de sus hermanos menores, Arnna, de siete años, y Grant, de cuatro.

Los hermanos abordaron un autobús público a las 10:00 a.m. para realizar un viaje de no más de cinco minutos a la playa, un viaje que habían completado de manera segura apenas el día anterior. Su madre, Nancy, pasó la mañana con una amiga, mientras su esposo Jim estaba en el trabajo. Nancy les dijo a sus hijos que regresaran a casa a las 2:00 p.m. para almorzar.

Cuando llegó la hora programada y después pasó el tiempo, Nancy asumió que sus hijos simplemente perdieron el autobús. Pero cuando llegó el siguiente autobús y los niños no estaban a la vista, su madre se preocupó.

Ella llamó a la policía poco después. Al día siguiente, los niños Beaumont fueron declarados oficialmente desaparecidos. Los bañistas que vieron a los Beaumont en la fatídica mañana de su desaparición afirmaron que los niños abandonaron la playa alrededor de las 10:15 am. El siguiente avistamiento ocurrió aproximadamente 45 minutos después; una mujer mayor dijo que vio a los niños jugando cerca de un rociador.

Según este testigo, sin embargo, alguien más estuvo presente en el juego de los niños: un hombre rubio de complexión delgada que vestía un traje de baño azul. Al principio, este hombre misterioso estaba tirado en el suelo, mirando jugar a los niños.
  Poco después, sin embargo, el rubio se levantó y se unió a los Beaumont en sus actividades.

. . .

Los niños fueron vistos luego en una pastelería cercana aproximadamente a las 11:45 a.m. Aquí compraron dulces y pagaron por las golosinas con un billete de 1 libra. Para las autoridades, esta fue la primera pista seria de que algo andaba mal: los padres de los niños no los enviaron a la playa con dinero extra, únicamente para pagar el autobús. Alguien debe haberse unido a ellos y haber proporcionado el dinero en efectivo.

El avistamiento final fue cortesía de un cartero local que estaba familiarizado con la familia Beaumont. Afirmó que vio a los niños aproximadamente a las 3 de la tarde caminando por Jetty Road, lejos de la playa. Según este testigo, los hermanos Beaumont parecían estar de buen humor; los jóvenes incluso se detuvieron a saludar.

Las autoridades no sospechaban que el cartero los hubiese engañado, sin embargo, estaban desconcertados por la marca de tiempo de la tarde, ya que chocaba con el orden de los avistamientos anteriores. Consideraron la posibilidad de que el cartero hubiera recordado mal la hora de su avistamiento, y que en realidad ocurriera más temprano en el día.

En cualquier caso, después del encuentro informado por el cartero, el rastro de los niños se enfrió.

. . .

La desaparición de los niños Beaumont sorprendió a Australia y desencadenó una de las investigaciones de personas desaparecidas más grandes en la historia del país. Se descartó ahogamiento, pues también faltaban todas sus pertenencias. Un llamamiento de Jim Beaumont se transmitió en la televisión nacional, las autoridades siguieron todas las pistas, pero las pistas no condujeron a ninguna parte.

Incluso se pidió ayuda a investigadores paranormales.

Gerard Croiset, un renombrado parapsicólogo y psíquico holandés, fue trasladado a Australia desde los Países Bajos. Su visita provocó un circo mediático. Croiset afirmó que su sexto sentido lo llevó a un almacén donde creía que los cuerpos estaban enterrados. Los dueños del almacén, reacios al principio a participar, finalmente recaudaron $40,000 para demoler el edificio.

Se inició una excavación, pero no se encontraron cuerpos.

Unos dos años después de la desaparición, los padres de Beaumont recibieron una serie de cartas misteriosas afirmando que los niños estaban cautivos.

. . .

El autor anónimo dijo que devolvería a los niños en un momento y lugar designados. Extasiados, los Beaumont viajaron al lugar preestablecido, solo para ser recibidos por nadie.

Una segunda carta llegó poco después, indicando que debido a que había estado presente un detective encubierto, el autor retuvo a los niños y ahora los conservaría para siempre. Veinticinco años después, el análisis forense concluyó que las cartas eran un engaño.

Incluso hoy, la investigación continúa. A principios de 2018, una pista llevó a la policía a una antigua fábrica cercana, donde una vez más se programó una excavación.

El propietario de la fábrica, Harry Phipps, falleció en 2004, pero fue investigado por primera vez como posible sospechoso en el caso en 2007.

Después de que dos hermanos en Adelaida se acercaron a la policía con una historia sobre Phipps pidiéndoles que cavaran un gran agujero alrededor de la fábrica en el momento de la desaparición de los Beaumont, la participación de Phipps se consideró seriamente. Aún no se ha sabido si se ha encontrado algo en el sitio.

· · ·

Aunque las posibilidades parecen escasas, las autoridades de Adelaide esperan que los nuevos consejos les ayuden a descubrir el destino de los niños Beaumont. Se ofrece una recompensa de $1 millón a cualquiera que tenga información que pueda resolver el caso.

La desaparición de los niños de Beaumont a menudo se atribuye al cambio que muchos padres hicieron, consistente en mantener a sus hijos en el interior. Los padres australianos descubrieron de repente que incluso los niños más responsables no podían evitar todos los males del mundo.

Más de 50 años después, la pregunta sigue siendo: ¿qué pasó con los tres niños Beaumont ese caluroso día en la playa?

3

Jim Thompson

JIM THOMPSON FUE un maestro de la reinvención. Comenzó su vida como el hijo rico de un hombre rico, trabajó durante un tiempo como espía para la Oficina de Servicios Estratégicos de Estados Unidos antes de mudarse a Tailandia para comenzar una nueva vida como comerciante de seda. Claramente, el hombre nunca se quedó en un lugar por mucho tiempo. ¿Fue su inexplicable desaparición un acto final de reinvención u ocurrió algo más siniestro?

Jim Thompson nació en 1906. Pasó la mayor parte de sus primeros años en Delaware, luego asistió a la escuela de arquitectura de la Universidad de Pensilvania.

No completó la carrera ni obtuvo su título, pero aún así logró conseguir un trabajo diseñando casas en la ciudad de Nueva York, probablemente debido a la influencia de su padre adinerado.

En 1943, Thompson se casó con Patricia Thraves, pero sólo seis meses después, la pareja fue separada por la guerra. Thompson había sido contratado para servir en la Oficina de Servicios Estratégicos, un predecesor de la CIA actual. Pasaría el resto de la Segunda Guerra Mundial en el norte de África.

Después de que los aliados derrotaran a las potencias fascistas en Europa, Thompson fue enviado a Ceilán, ahora conocida como Sri Lanka, para trabajar para liberar al pueblo tailandés de la ocupación japonesa. Esto cambiaría su vida para siempre.

Aunque Thompson regresó a los Estados Unidos en 1946, estaba cautivado con Tailandia. Se había acercado a Connie Mangskau, una traductora, que sería una de sus mejores amigas por el resto de su vida. También hizo varios contactos entre los movimientos Free Thai y Free Laos. Estos contactos lo ayudarían más tarde a recopilar información que mantuvo libre a Tailandia.

Mientras Thompson estaba en los Estados Unidos, se divorció de Patricia. Su matrimonio sólo había durado tres años. Parece probable que Patricia no estuviera interesada en mudarse a Tailandia, como definitivamente lo estaba Thompson. Regresó al país y se unió a un grupo de inversionistas para comprar The Oriental Hotel en Bangkok.

Thompson estaba contemplado para rediseñar el hotel, pero él y los otros inversores rápidamente comenzaron a enfrentarse sobre el aspecto final. Renunció a sus acciones y decidió trasladar su interés a la seda tailandesa, una industria local que decaía debido a la competencia de telas importadas más baratas. En 1948, él y un socio, George Barrie, fundaron *Thai Silk Company Limited*.

Durante tres años, la empresa siguió funcionando. Pero luego, en 1951, el diseñador de vestuario del musical de *Rodgers y Hammerstein*, *The King and I*, decidió que *Thai Silk Company Limited* sería el proveedor perfecto para sus trajes. Thai Silk también proporcionaría materiales para la versión cinematográfica, cinco años después.

Thompson se encontró en la cima entonces.

Con el dinero fluyendo libremente, ahora podría curar la casa de sus sueños. En 1958, comenzó la construcción de la Casa de Jim Thompson.

. . .

Su complejo consistía en seis viviendas tailandesas originales que se habían construido en su finca, unidas por nuevas escaleras y caminos creados por Thompson.

Algunos de sus toques a estas casas estaban destinados a aumentar la autenticidad, como elevar las seis casas un piso por encima del suelo. Otros, sin embargo, fueron concesiones a la practicidad.

Por ejemplo, en las viviendas tradicionales tailandesas, las escaleras estaban al aire libre. Thompson prefería sus escaleras adentro. Además, tradicionalmente, los paneles de madera intrincadamente tallados de las casas tailandesas miraban hacia afuera para mostrar a los transeúntes la riqueza del propietario. Thompson tenía estos paneles mirando hacia adentro para que los visitantes pudieran admirar el trabajo. También pintó el exterior de la casa de rojo, un toque claramente americano.

Después de años de arduo trabajo, Thompson había logrado todos sus sueños.

Vivía en una finca de su propia creación, rodeado de arte de todo el mundo mientras el dinero seguía llegando de su empresa *Thai Silk*. Entonces, ¿qué pudo haber pasado el día en que desapareció misteriosamente?

. . .

El sábado 25 de marzo de 1967, Thompson pasó el día en Penang con Connie Mangskau y una pareja casada con la que eran cercanos. Los cuatro se quedaron en el Moonlight Bungalow esa noche, una parte del complejo Thompson, y asistieron a la misa de Pascua a la mañana siguiente.

Después de regresar de los servicios, todos menos Thompson decidieron tomar una siesta. Thompson, en cambio, fue a dar un paseo por la jungla. Nadie lo volvió a ver.

Hay una serie de teorías sobre la desaparición de Thompson, pero sin un cuerpo o avistamientos confirmados del hombre después del 26 de marzo, son imposibles de confirmar.

Algunas personas creen que Thompson continuó su trabajo con la Oficina de Servicios Estratégicos, que, en el momento de su desaparición, ya se conocía como la CIA.

Teorizan que Thompson estaba en contra de la guerra de Vietnam y no estaba dispuesto a ayudar a la CIA con ningún trabajo relacionado con la guerra. En represalia, la CIA secuestró a Thompson o acabó con su vida.

. . .

Otros creen que Thompson, que esencialmente se había apoderado de la tradición local de la seda tailandesa para hacer fortuna, tenía enemigos entre sus competidores.

Quizás alguien que sintió que había sido traicionado por un negocio tuvo algo que ver con la desaparición de Thompson.

Otra complicación intrigante: según un biógrafo de Thompson, cuando fue a visitar a Connie y sus amigos, el hombre estaba casi arruinado. Solo tenía $50 en su cuenta bancaria; todo lo demás se había utilizado para crear su hogar y financiar su colección de arte. ¿Podría Thompson haber optado por desaparecer en lugar de considerar que se acercaba a la bancarrota?

También es posible que Thompson simplemente se perdiera en el bosque. Thompson caminaba con frecuencia por el bosque y disfrutaba saliendo de los caminos trillados.

Esta fue la teoría inicial y condujo a una búsqueda masiva de tierras. Más de 500 personas buscaron en la jungla junto al Moonlight Bungalow durante 11 días sin ningún rastro de Thompson.

. . .

En un giro extraño, la hermana de Thompson, Katherine Thompson Wood, fue asesinada menos de seis meses después. Muchas personas que crecieron en la ciudad natal de los Thompson creen que los dos incidentes están relacionados de alguna manera.

Tanto el asesinato de Katherine como la desaparición de Thompson, siguen sin resolverse.

Hoy, puedes visitar la Casa y Museo de Jim Thompson para ver el cuidado que puso en curar su mundo. Mientras estés allí, pregunta a uno o dos lugareños sobre el misterio de la desaparición de Thompson, es posible que tengan más información sobre lo que le sucedió.

4

Bryan Shaffer

Sería la mejor broma del Día de los Inocentes, si tan solo tuviera un remate. Temprano por la mañana del 1 de abril de 2006, Brian Shaffer y su amigo William "Clint" Florence estaban terminando una noche de celebración para conmemorar sus exámenes finales completados y el comienzo de las vacaciones de primavera en la Facultad de Medicina de la Universidad Estatal de Ohio.

Habían comenzado la noche en el *Ugly Tuna Saloona*, y la estaban terminando en el mismo lugar, después de haber realizado un viaje de regreso gracias a una amiga de Florence, Meredith Reed. Mientras disfrutaban de una ronda final para cerrar la velada, Brian Shaffer de alguna manera se separó de sus amigos.

. . .

Cuando el bar cerró a las 2:00 am, Florence y Reed lo esperaron afuera, pero nunca apareció. Supusieron que simplemente se había ido a casa sin decírselos. El lunes siguiente por la mañana, no llegó para tomar un vuelo que él y su novia habían planeado tomar para ir a Miami, donde ella pensó que él podría proponerle matrimonio.

Fue entonces cuando Brian Shaffer fue declarado como desaparecido.

La policía comenzó su búsqueda en el último lugar donde se había visto a Brian Shaffer, el *Ugly Tuna*. Lo que encontraron allí fue el comienzo de un misterio desconcertante.

Debido a que el bar estaba ubicado en lo que se consideraba un vecindario de alta criminalidad, había sido equipado con varias cámaras de seguridad, incluida una que monitoreaba la escalera mecánica que conducía a la entrada del bar. En las imágenes de seguridad, Shaffer fue visto parado afuera del bar poco antes de las 2:00 am hablando con un par de mujeres, luego, las cámaras lo muestran caminando hacia la entrada del bar. No se ha vuelto a ver ni se ha sabido de él desde entonces.

El bar no tenía otra entrada o salida de acceso público, y la única otra salida, una puerta de servicio en la parte de atrás, que conducía a un sitio de construcción por el que la policía creía que habría sido difícil de pasar de manera segura, incluso estando sobrio y durante el día, y mucho menos en la oscuridad después de una larga noche bebiendo. La policía buscó a través de las imágenes de las cámaras de seguridad de varios otros establecimientos cercanos para tratar de determinar si Shaffer dejó al *Ugly Tuna* y cómo lo hizo, pero no vieron ni rastro de él.

La búsqueda se extendió desde el *Ugly Tuna*. La policía investigó a lo largo y ancho, incluyendo los contenedores de basura y el sistema de alcantarillado de la ciudad en su búsqueda. Pero ni siquiera la unidad K-9 pudo encontrar un rastro de Shaffer.

El apartamento abandonado de Shaffer fue posteriormente asaltado, y la policía y su familia esperaban que el crimen tuviera algo que ver con su desaparición. No fue así. Recientemente enviudado y desesperado por encontrar a su hijo, el padre de Shaffer consultó a un psíquico, que le dijo que el cuerpo de Brian descansaba en el agua cerca de un puente. Pasó horas vadeando en el río Olentangy en Columbus con un grupo de búsqueda, sin éxito.

Durante meses después de su desaparición, la novia de Shaffer, Alexis Wagoner, llamó a su teléfono todas las noches, aunque éste enviaba directamente al buzón de voz. Sin embargo, una noche de septiembre, se emocionó al escuchar el teléfono sonar al otro lado de la línea. Sonó tres veces y, emocionada, volvió a llamar. No hubo respuesta, pero luego se rastreó un pin desde el teléfono celular hasta una torre celular en Hilliard, a unas 14 millas de Columbus, donde Shaffer desapareció.

El operador de telefonía celular de Shaffer admitió más tarde que el timbre y el pin de la torre podrían haber sido una falla en el sistema, en lugar de una señal de que Shaffer había encendido su teléfono celular.

Casi todos los involucrados en la vida de Brian Shaffer o que habían estado con él la noche de la desaparición aceptaron someterse a una prueba de detector de mentiras, excepto Clint Florence. Según el abogado de Florence, su cliente no tenía nada que ocultar y simplemente sintió que le había dicho a la policía todo lo que pudo sobre el tema. Las dos mujeres con las que Shaffer fue visto por última vez fueron identificadas por la policía y despejadas de cualquier sospecha. También afirmaron que no se les pidió que se sometieran a una prueba de polígrafo.

Durante años, continuó la búsqueda de información sobre el destino de Brian Shaffer. Había carteles de

Shaffer pegados por todas partes, señalando que el hombre desaparecido tenía un tatuaje distintivo y una mancha negra en el iris izquierdo. Se ofrecieron recompensas, se crearon líneas de información y Eddie Vedder, el cantante principal de Pearl Jam, una de las bandas favoritas de Shaffer, incluso se tomó un descanso entre canciones durante un concierto en Cincinnati para pedir información sobre la desaparición de Shaffer.

El padre de Brian, Randy Shaffer, se unió a las familias de otras personas desaparecidas para presionar con éxito a la legislatura de Ohio para reformar las leyes del estado con respecto a los casos de personas desaparecidas. Ahora Ohio tiene un protocolo más organizado para investigar casos de personas desaparecidas, un pequeño alivio para los seres queridos de Shaffer.

En 2008, Randy Shaffer fue golpeado por una rama mientras limpiaba los escombros de una tormenta de viento en su patio trasero y murió. En un libro de condolencias en línea, alguien escribió: *"Para papá, con amor, Brian (Islas Vírgenes de EE. UU.)"*, lo que llevó a muchos a creer que Brian estaba vivo y bien.

Sin embargo, la policía concluyó más tarde que la nota se publicó desde una computadora de acceso público en el condado de Franklin, Ohio, y se determinó que era un engaño.

Sin teorías sólidas sobre lo que le sucedió a Shaffer, la policía de Columbus continúa haciendo un seguimiento incluso de las pistas más inverosímiles, desde supuestos avistamientos en Suecia hasta una llamada telefónica de una mujer en un restaurante de Michigan que creía que Shaffer era su mesero. Incluso ha habido sugerencias anónimas en línea que afirman conocer la ubicación del cuerpo, pero las investigaciones sobre las afirmaciones han resultado infructuosas.

Lo que fue de Brian Shaffer sigue siendo un misterio hasta el día de hoy. Una teoría sugiere que dejó el país para comenzar una nueva vida, posiblemente tocando en una banda al estilo de Jimmy Buffett, como siempre había sido su sueño. Otros han sugerido que estaba más devastado por la reciente muerte de su madre de lo que dejó ver y se quitó la vida.

Otra posibilidad es que haya sufrido un accidente en el peligroso lugar de trabajo detrás de la barra y que los dueños lo encubrieron para evitar problemas legales. Algunas personas incluso han relacionado su desaparición con el supuesto Asesino de las Caras Sonrientes, un asesino en serie teórico propuesto por los detectives retirados de la policía de Nueva York, Kevin Gannon y Anthony Duarte, y defendido por varios detectives aficionados en línea.

La desaparición de Shaffer encaja en parte del patrón del supuesto Asesino de las Caras Sonrientes; Gannon y Duarte creen que existía un asesino en serie o un grupo de asesinos que se aprovechaban de los hombres en edad universitaria cuando éstos salían de fiesta o a bares. Los cadáveres a menudo se dejan junto a cuerpos de agua. Por supuesto, Shaffer, vivo o muerto, aún no se ha encontrado.

También vale la pena señalar que la mayoría de los departamentos de policía descartan la teoría unificadora del Asesino de las Caras Sonrientes, incluso en los casos en que se han descubierto cuerpos, atribuyendo muchas de las muertes a ahogamientos accidentales. En este punto, cualquier conexión entre la desaparición de Brian Shaffer y el supuesto asesino sigue siendo una conjetura.

En 2018, el *Ugly Tuna Saloona* cerró y se rumorea que se está construyendo para convertirlo en una oficina. Aunque los perros entrenados para buscar cadáveres registraron el establecimiento en 2006 y no encontraron rastros del cuerpo de Shaffer en el edificio, uno no puede evitar pensar que esto cerrará un capítulo de la investigación y potencialmente destruirá evidencia clave.

Después de todo, no tenemos pruebas de que Shaffer haya abandonado las instalaciones esa noche. Hasta la fecha, el destino de Brian Shaffer sigue siendo un misterio sin pistas prometedoras a la vista.

5

Zebb Quinn

El 17 de marzo de 2015, Robert Jason Owens fue arrestado por el asesinato de la famosa chef y ex concursante de *Food Network Star*, Cristie Schoen Codd, su esposo, Joseph Codd y su hijo por nacer. Como parte de un acuerdo de culpabilidad, Owens admitió haber matado a la familia Codd y haber desmembrado sus restos. Cuando la policía registró la casa de Owens, encontraron "tela, materiales de cuero y fragmentos duros desconocidos" enterrados bajo una capa de concreto, así como restos humanos en la estufa de leña de Owens.

El asesinato de los Codd no era la primera vez que Owens había estado involucrado en una misteriosa desaparición, y pronto quedaría claro que esos fragmentos desconocidos y restos humanos eran restos de un caso anterior.

Unos 15 años antes, Owens parecía haber sido la

última persona que vio a Zebb Quinn con vida. En ese momento, Quinn era un joven de 18 años que trabajaba en el departamento de electrónica de un Walmart en Asheville, Carolina del Norte. El 2 de enero del año 2000, Quinn salió del trabajo alrededor de las 9:00 p.m. y se encontró con su amigo y compañero de trabajo Robert Jason Owens en el estacionamiento. Los dos planeaban ir a la cercana ciudad de Leicester para ver un automóvil que Quinn estaba interesado en comprar.

Quinn y Owens condujeron por separado y se detuvieron en una gasolinera en el camino para comprar bebidas.

Las imágenes de vigilancia de la estación de servicio proporcionan las últimas fotografías conocidas de Zebb Quinn con vida. Después de salir de la estación de servicio, Owens le dijo a la policía que Quinn le hizo una seña para que se detuviera, diciendo que lo habían localizado y que necesitaba devolver la llamada de inmediato.

Después de ir a un teléfono público, Owens afirmó que Quinn estaba "frenético" y tuvo que cancelar el viaje, alejándose con tanta prisa que en realidad golpeó el vehículo de Owens.

. . .

Más tarde esa misma noche, Owens fue tratado en un hospital cercano por costillas rotas y una lesión en la cabeza que afirmó haber adquirido en un accidente separado, aunque nunca se presentó un informe de accidente por ninguna de las colisiones.

Este fue solo el comienzo de las extrañas circunstancias que rodearon la desaparición de Zebb Quinn. La policía finalmente rastreó la llamada que se realizó al buscapersonas de Quinn hasta el teléfono de su tía, Ina Ustitch.

Ustitch le dijo a la policía que ni siquiera estaba en casa en el momento de la llamada: había estado cenando con una amiga llamada Tamra Taylor.

Taylor era la madre de Misty Taylor, con quien Quinn tenía una relación que puede haber sido romántica o no en el momento de su desaparición. Sin embargo, Misty y su novio Wesley Smith también estuvieron presentes en la cena.

Más tarde, Ustitch informó a la policía que habían asaltado su casa mientras salía a cenar con su amiga, aunque no habían robado nada.

. . .

Al día siguiente, la madre de Quinn presentó una denuncia de persona desaparecida para su hijo, pero no fue hasta cuatro días después, el 6 de enero, que su auto fue encontrado abandonado en el estacionamiento del restaurante *Little Pigs Barbecue*, cerca del hospital donde la madre trabajaba. Más tarde le dijo a la policía que creía que el automóvil se había dejado allí a propósito, para que quienquiera que hubiera secuestrado a su hijo estuviera seguro de que lo encontraría.

En el auto había un cachorro vivo, varias botellas vacías, una chaqueta que no pertenecía a Quinn y una tarjeta de acceso de hotel que las autoridades nunca pudieron asociar a un hotel en particular. Se habían dejado los faros encendidos y se habían dibujado un par de labios y un signo de exclamación con lápiz labial rosa en el parabrisas trasero.

De Quinn, sin embargo, no había rastro.

Dos días después de la desaparición de Quinn, antes de que se encontrara su automóvil en el estacionamiento de *Little Pigs*, se realizó una llamada telefónica al Walmart donde trabajaba.

. . .

La persona que llamó afirmó ser Quinn, diciendo que estaba diciendo que estaba enfermo, pero el compañero de trabajo que atendió la llamada dijo que la voz no sonaba como la de Quinn. Robert Jason Owens más tarde confesaría haber realizado la llamada, en ese momento diciendo que lo estaba haciendo como un favor a su amigo.

Durante 15 años, la investigación continuó, aunque aparentemente se avanzó poco. Misty Taylor y su novio fueron interrogados, al igual que otros, pero nada pudo relacionarlos con la desaparición de Quinn. En 2012, el caso apareció en el programa *Disappeared*, pero aún no se recibieron respuestas.

El caso de Quinn se hizo bien conocido en Internet, donde muchas comunidades intentaron descubrir la evidencia que llevaría a su "asesino" ante la justicia o dejaría en claro exactamente dónde había desaparecido el adolescente.

Si bien Robert Jason Owens siguió siendo el principal sospechoso, no fue hasta el asesinato de la familia Codd que finalmente fue acusado de un delito. Según Owens, atropelló a los Codd mientras tomaba analgésicos y luego los desmembró y escondió sus restos en pánico.

Nunca confesó el asesinato de Zebb Quinn, pero en

2017 un gran jurado finalmente emitió una acusación formal en la que se acusaba a Owens de la muerte de Quinn unos 17 años antes.

Las autoridades dijeron que la acusación fue "el resultado de años de trabajo de investigación y persistencia", pero la policía no ha revelado si finalmente fue provocada por nuevas pruebas descubiertas durante la investigación sobre el asesinato de la familia Codd, o simplemente se le vinculó para darle cierre al cas de desaparición del joven Quinn.

6

El triángulo de las desapariciones de Irlanda

La primera desaparición fue en marzo de 1993: una joven estadounidense de Nueva York, de 26 años, llamada Annie McCarrick. Vivía en Dublín, compartía apartamento con dos mujeres jóvenes y trataba de aprender sobre su herencia irlandesa.

La última vez que la mujer fue vista, fue en un bar llamado *Johnnie Fox's*. Su madre y su padre volaron a Irlanda con la esperanza de encontrar a su hija y permanecieron en el país durante seis meses antes de regresar a casa desesperados y sin esperanza.

No se encontró rastro de su hija.

. . .

Pudo haber sido una tragedia aislada, pero cuatro meses después, otra joven desapareció: Eva Brennan, de 36 años. Ella también había sido vista por última vez en un bar.

Durante los siguientes cinco años, más mujeres desaparecieron: algunos medios de comunicación citan ocho desapariciones totales, mientras que otros relacionan seis nombres con el caso. Quedó claro que todas las desapariciones ocurrieron dentro de un triángulo geográfico que rodeaba Dublín. Así nació el nombre 'Triángulo de las desapariciones'. Los dublineses empezaron a temer tener un asesino en serie activo entre ellos.

Luego, tan abruptamente como comenzaron las desapariciones, terminaron. La última fue en 1998: Deirdre Jacob, una estudiante universitaria de 18 años que pasaba el verano en casa. Su desaparición fue la más misteriosa, ya que la vieron momentos antes de desaparecer, a plena luz del día, a solo 200 metros de la puerta de entrada de sus padres cuando regresaba a la casa.

A lo largo de los años, las sospechas han recaído sobre varios asesinos conocidos y presuntos en relación con la serie de desapariciones. Pero sin cuerpos ni escenas del crimen, la policía tenía poco con qué trabajar.

Uno de los principales sospechosos del caso era un carpintero de 36 años llamado Larry Murphy. Al momento de las desapariciones, no tenía antecedentes penales. Pero en febrero de 2000 fue declarado culpable de una brutal violación. Había estado acechando a una joven oficinista. Mientras caminaba junto a su coche, él la golpeó en la cara y la obligó a entrar en su baúl, la llevó a un lugar apartado y la violó.

Murphy aparentemente fue sorprendido por dos hombres y huyó. Su víctima sobrevivió. Ella había sido secuestrada dentro del área conocida como Triángulo de Desaparición. Sin embargo, no ha habido evidencia concluyente de que Murphy fuera responsable de las ocho desapariciones anteriores, y todas siguen sin resolverse.

Aunque condenado por la violación y el intento de asesinato de la oficinista, Murphy fue liberado en 2010 y cumplió solo 10 años. Muchos ciudadanos irlandeses se alarmaron por esto y, debido al alboroto, Murphy huyó del país. Pasó años en España, pero al parecer vive hoy en Cork.

Del resto de las desapariciones en el área, nunca hubo respuesta, y tal vez, nunca sabremos qué le pasó a las mujeres desaparecidas en realidad.

A pesar de las teorías de vinculación a crímenes realizados por Murphy, nunca existieron pruebas concluyentes, ni rastros que pudieran dar idea de lo que pudo haber sucedido a las desaparecidas.

7

Ambrose Small

El empresario de teatro Ambrose J. Small no era un hombre muy popular en su comunidad. A pesar de su carrera extremadamente exitosa, logró rechazar a varias personas en su búsqueda del libertinaje. Tenía varias amantes y, a menudo, pasaba la mayor parte del tiempo apostando grandes sumas de dinero.

Cuando desapareció en medio de una fuerte tormenta de nieve el 2 de diciembre de 1919, el público estaba más desconcertado que preocupado. Muchos afirmaron haberlo visto en varios lugares del mundo, pero nunca lo encontraron. Algunos dicen que su fantasma todavía ronda el Gran Teatro de Ontario, uno de los muchos lugares de los que Small fue dueño durante su vida.

. . .

Small nació el 11 de enero de 1863 en Bradford, Ontario. A la edad de 13 años, se puso a trabajar como lavaplatos en el hotel Warden de Toronto. En poco tiempo, su capacidad para administrar el bar del hotel y mantener los libros en orden le valió una reputación positiva.

Para complementar sus ingresos, Small tomó un trabajo secundario como acomodador en el Gran Teatro, donde finalmente fue ascendido a subdirector. Small siempre tuvo una pasión por el teatro, y cuando aceptó el trabajo en el Gran Teatro, solía contratar espectáculos como "*Bertha, la chica de la máquina de coser*" e "*In Convict Stripes*".

Después de unos años, Small estaba comenzando a cosechar las recompensas financieras de su éxito. Planeaba comprar acciones en pequeños teatros de Toronto, pero su objetivo final era ser dueño de la Grand Opera House de Toronto. Small hizo bastantes ofertas para el lugar en el pasado, pero siempre fueron rechazadas.

Durante sus treinta, la reputación de Small dio un giro oscuro. Se convirtió en un adicto al juego, apostando en aventuras arriesgadas y carreras de caballos. Una vez ganó $10,000, aunque se especuló que de alguna manera había arreglado la carrera. Como resultado, comenzó a parecer poco ético para muchas personas en el área.

Su vida romántica también se convirtió en tema de

chismes sociales. Si bien era bien sabido que Small tenía varias amantes en diferentes lugares, logró sorprender a todos al casarse con una mujer llamada Theresa Kormann en 1902 o 1904. Da la casualidad de que Theresa era la heredera de una fortuna en una cervecería, y Small usó el dinero de la mujer para comprar varios teatros en rápida sucesión. Su fortuna creció hasta proporciones ridículas y finalmente se convirtió en el propietario de la Gran Ópera.

Poco después de su matrimonio, Small se cansó de su estilo de vida doméstico y comenzó a jugar con otras mujeres. Llegó a construir una habitación oculta entre sus oficinas en la Grand Opera House, con pesadas cortinas, una gruesa alfombra oriental, un bar bien surtido y una amplia cama. Su propósito era ser una puerta giratoria para sus muchas mujeres.

En ese momento, Small era un hombre notoriamente odiado en la comunidad. Era un millonario que decía que no le gustaban los niños, los católicos y la idea de ayudar a los menos afortunados. Su adicción al juego también creció dramáticamente, tanto que Small leyó con avidez el *New York Times* para estudiar los desarrollos de todos los hipódromos de los Estados Unidos.

. . .

Small finalmente contrató a un tortuoso secretario privado llamado John Doughty para que lo ayudara a encubrir sus diversas fechorías.

Small también comenzó a discutir la venta de su cadena de teatros con una compañía llamada *Trans-Canada Theatres Limited*. El 2 de diciembre de 1919, el trato se llevó a cabo, y Small y su esposa Theresa recibieron un millón de dólares por adelantado, con otros $700,000 que se les pagarían en los próximos años.

Esa tarde, mientras Theresa depositaba el cheque en *Dominion Ban*k, Small le dijo a su abogado, EWM Flock, que no solo planeaba retener a John Doughty como secretario privado, sino que también le daría un aumento.

Flock vio a Small jubiloso más tarde esa noche, alrededor de las 5:30 pm. Sería la última vez que vería a su empleador.

Momentos después, Small salió a una tormenta de nieve abrasadora. Iba de camino a la esquina de Adelaide y Yonge para buscar el New York Times en un quiosco operado por un hombre llamado Ralph Savein.

. . .

Los papeles se entregaban todos los días en tren, y Small siempre era la primera persona en obtener una copia. Sin embargo, el mal tiempo retrasó el tren y los bultos no llegaron a tiempo. Small se enfureció; Savein luego les dijo a los investigadores que nunca había escuchado a Small maldecir tanto en su vida. Con eso, Ambrose Small se enfureció en la noche de invierno y nunca más se lo volvió a ver.

Pasaron días antes de que alguien notara la desaparición de Small. Su esposa y socios simplemente habían pensado que estaba encerrado con otra amante o que se había ido de fiesta. Cuando finalmente se corrió la voz, comenzó una de las cacerías humanas más grandes de la historia de Canadá. Theresa Small ofreció una recompensa de 50.000 dólares por información sobre el paradero de su marido.

El potencial de una ganancia financiera tan grande llevó a todos los estafadores de poca monta y a los detectives aficionados a salir arrastrándose de la carpintería y buscar al magnate desaparecido.

Irónicamente, y algo sospechoso, el secretario de Small, John Doughty, también había desaparecido el mismo día.

. . .

Los investigadores determinaron que Doughty había salido de su oficina la tarde del 2 de diciembre, visitó *Dominion Bank* con la llave de la caja de seguridad de Small, retiró $100,000 en bonos de Victoria negociables y luego desapareció.

Doughty se encontraría un año después en Portland, Oregon, trabajando en una fábrica de papel bajo el alias de Charles B. Cooper. Doughty fue acusado del robo de fianza y sentenciado a cinco años de prisión. No se sospechaba de él en la desaparición de Small.

Los rumores sobre el destino de Small iban de prácticos a ridículos. George Soucy, un empleado de la editorial, afirmó haber visto a Small siendo obligado a subir a un automóvil por varios hombres el 2 de diciembre. Otro hombre, el cuidador Albert Elson, insistió en que había visto a cuatro hombres enterrando algo en el suelo helado a pocas cuadras de la mansión de Small. Una mujer de la limpieza llamada Mary Quigley juró a la policía que un aviso solicitando "oraciones por el reposo del alma de Ambrose J. Small" estaba publicado en el Pacto de la Preciosa Sangre en St. Anthony Street. Al parecer, esto fue varios días antes de que se hiciera pública la noticia de la desaparición.

. . .

La policía peinó la ciudad. Se revisaron todos los negocios en Toronto, y la bahía de Toronto se dragó varias veces en vano. El sótano de la mansión de Small en Glen Road fue excavado, al igual que el sótano de la Grand Opera House, en una búsqueda frenética de huesos. La policía incluso dirigió su atención a Theresa Small, quien creía que una mujer fatal era la responsable de la muerte de su esposo.

En 1920, todavía no había respuestas. Mientras visitaba los Estados Unidos ese mismo año, el famoso autor de Sherlock Holmes, Sir Arthur Conan Doyle, fue abordado por un reportero del *New York World-Telegram*. Doyle le dijo al reportero que el caso Small era fascinante y que podría prestar su talento para resolver el misterio si se le pedía que lo hiciera. Nunca le preguntaron.

Durante los siguientes tres años, los avistamientos de Ambrose Small salpicaron los titulares de todos los periódicos. Se dice que lo vieron en Francia con una amante y una botella de champán en cada mano. También fue "visto" por un lector de mentes, que afirmó que Small fue enterrado en un basurero de la ciudad de Toronto. El renombrado mago Harry Blackstone también juró que Small jugaba en México.

. . .

A pesar de los supuestos avistamientos, un tribunal de Toronto declaró oficialmente muerto a Small en 1923. Su testamento, que dejó la mayor parte de su patrimonio restante a Theresa, fue confirmado. Ella murió unos 12 años después.

El espíritu de Ambrose Small aún puede perdurar en este mundo. Según los informes, el fantasma de Small ha sido visto en el Gran Teatro (anteriormente la Gran Ópera) por varias personas.

La comediante Beatrice Lillie afirmó que la aparición de Small la llamó por señas durante una actuación en mayo de 1927. La leyenda dice que Lillie se movió hacia el fantasma, solo para que un candelabro de utilería se estrellara contra el escenario y no la golpeara por poco. En la década de 1940, se decía que el espíritu inquieto de Small caminaba por el escenario después de cada noche de estreno.

En julio de 1956, la actriz Charmion King afirmó haber visto a un hombre parado al pie de la escalera de su camerino. Después de ver una fotografía de Small, King lo identificó como el hombre que había visto. Más tarde negó la historia.

. . .

Varias otras historias sobre sillas en movimiento en la audiencia y ruidos espectrales en el Gran Teatro han circulado durante décadas. Quizás sea el alma enojada de Ambrose Small, tratando de despertar la misma atención en la muerte que en la vida.

8

Dorothy Arnold

La joven Dorothy Arnold vivió una vida de clase en la ciudad de Nueva York. Su padre era un adinerado importador de perfumes y su familia descendía de los pasajeros originales del Mayflower. Dorothy, estudiante de literatura, pasó sus días escribiendo con la gran esperanza de publicar, para diversión de su familia y amigos.

Luego, el 12 de diciembre de 1910, después de un agradable encuentro con una conocida mientras compraba por la Quinta Avenida, Dorothy Arnold desapareció sin dejar rastro.

Tenía entre 25 y 30 dólares a la mano, una gran cantidad de dinero en efectivo en ese momento, y tenía la intención de comprar un vestido nuevo para la próxima fiesta de debutantes de su hermana menor. Sin embargo, Dorothy nunca llegó a ninguna tienda de ropa. De hecho, después de despedirse de su amiga en la calle 27, no está claro qué le sucedió.

Su amiga les comentó a las autoridades que Dorothy planeaba atravesar Central Park de camino a casa. Pero a la hora de la cena, aún no había regresado. Los padres de Dorothy, Francis y Mary Arnold, se preocuparon, su hija nunca se perdía las comidas familiares sin antes informarles de su paradero. Después de llamar a varios de los amigos de Dorothy y descubrir que nadie la había visto, la preocupación de los Arnold creció.

Al mismo tiempo, el adinerado padre de la familia Arnold deseaba mantener una apariencia de compostura y decoro. Mantuvieron la desaparición de Dorothy oculta al mundo exterior. Cuando uno de los amigos de Dorothy llamó a la casa el 13 de diciembre, Mary mintió y dijo que su hija había regresado, pero que estaba en la cama con dolor de cabeza.

En secreto, la familia contrató a detectives privados de Pinkerton, que trabajaron incansablemente para encontrar a su hija desaparecida.

. . .

Pasaron varias semanas y los investigadores privados no consiguieron descubrir pistas fiables. Instaron a la familia a contactar a las autoridades.

De mala gana, los Arnold presentaron un informe de persona desaparecida ante la policía a mediados de enero de 1911. Más tarde ese mes, ante la insistencia de la policía, Francis Arnold celebró una conferencia de prensa en su casa, que catapultó el caso de un asunto familiar privado a un asunto público sensacionalista en los medios.

Abundaban las teorías sobre la desaparición de Dorothy.

Los investigadores privados habían descubierto folletos de barcos de vapor transatlánticos en la habitación de Dorothy al día siguiente de su desaparición. Una teoría afirmaba que se había fugado en secreto y se había mudado a Europa. Un romance de verano con un tal George Griscom Jr. pareció corroborar esta historia, pero pronto se vino abajo; George también había estado buscando a Dorothy, en lugar de vivir con ella en Europa.

Pasaron las semanas y surgieron teorías adicionales, cada una de las cuales ponía a prueba los límites de la plausibilidad.

Algunos creían que Dorothy se había sometido a un

aborto ilegal y murió a causa del procedimiento; su entierro o cremación fue mantenido en secreto por la clínica subterránea. Esta posibilidad ganó fuerza en 1916, cuando el médico de una clínica de abortos allanada en Pensilvania le dijo a la policía que Arnold había muerto a su cuidado. Francis Arnold descartó las afirmaciones como una tontería.

Otros sostuvieron que la joven socialité fue asesinada; sin embargo, nadie pudo dar una causa plausible del asesinato o presentar pistas sobre el paradero de su cuerpo.

Otros todavía sugirieron que Dorothy se había resbalado en una acera mientras caminaba por la Quinta Avenida.

Se golpeó la cabeza contra el cemento y sufrió amnesia que le hizo olvidar su identidad. Ningún hospital tenía ningún registro de pacientes femeninas que coincidiera con la descripción de Dorothy en el momento de su desaparición. Sin embargo, se difundió otro rumor que afirmaba que Dorothy se había suicidado, aparentemente debido a su extrema decepción por el rechazo de dos de sus historias para su publicación.

A pesar de las muchas teorías que siguieron a la desaparición de Dorothy, nunca se logró una tracción real. En total, Francis Arnold gastó alrededor de 250.000 dólares tratando de localizar a su hija desaparecida. Murió creyendo que ella estaba muerta y no le dejó parte de su patrimonio en su testamento. Su esposa Mary, sin embargo, se negó a darse por vencida. Hasta su muerte en 1928, mantuvo la esperanza de que Dorothy estuviera en alguna parte.

Sin duda, Mary Arnold se sintió alentada, o atormentada, por los numerosos avistamientos de su hija que surgieron en los años posteriores a esa fatídica noche de diciembre de 1910, sin nunca poder resolver qué fue lo que le sucedió.

9

Paula Jean Welden

La villa de Bennington, Vermont, es un rincón idílico de Nueva Inglaterra que no tendría una notoriedad particular si no fuera por Paula Jean Welden. Una fría tarde de diciembre de 1946, la estudiante de segundo año de 18 años salió de su habitación en Bennington College para hacer una caminata y nunca más la volvieron a ver.

El misterio comenzó el 1 de diciembre de 1946. Paula trabajó un turno doble en el comedor de la universidad, pasó algún tiempo con su compañera de cuarto, Elizabeth Johnson, y luego decidió salir por un tiempo. Según Johnson, Paula vestía una parka roja distintiva con capucha forrada de piel, jeans azules, zapatos *Top-Sider* con suelas gruesas y un reloj de pulsera *Elgin* dorada con una banda negra. También recordó las últimas palabras de Paula:

. . .

"Ya terminé con los estudios, voy a dar un largo paseo ".

La "caminata larga" de Paula iba a ser a lo largo de parte del Long Trail de Vermont, que en total recorre 272 millas desde la frontera del estado de Massachusetts hasta la frontera con Canadá. El clima frío y el atuendo de Paula sugerían que Paula no había planeado estar fuera más de unas pocas horas.

Poco después, Danny Fager vio a Paula (o una chica con ropa similar con la misma descripción física). Fager era dueño de una estación de servicio al otro lado de la calle de las puertas de la universidad, y alegó que había visto a la chica subir y bajar por el costado de un pozo de grava cerca de la entrada de la universidad. Esto habría ocurrido justo después de la salida de Paula de su habitación, alrededor de las 2:45 p.m.

Quince minutos después, un hombre llamado Louis Knapp afirmó haber recogido a una joven haciendo autostop en la Ruta 67A cerca de la universidad. Knapp recordó que su apariencia era consistente con la de Paula, y también recordó un intercambio aparentemente insignificante entre él y la niña.

. . .

Mientras se subía a su camioneta, la niña perdió el equilibrio; Knapp le dijo que tuviera cuidado, pero no dijo nada más hasta que la dejó salir en la Ruta 9, cerca de Long Trail.

Justo antes de las 4 pm, Paula fue vista nuevamente, esta vez por varias personas en Bickford Hollow, donde parecía dirigirse hacia el sendero. Una de esas personas, Ernie Whitman, advirtió a Paula que no viajara a las montañas sin ropa más pesada; según los informes, ella lo ignoró y continuó su camino.

Cuando cayó la noche, la compañera de cuarto de Paula comenzó a preocuparse. No queriendo despertar ningún pánico innecesario, Johnson no le dijo nada al presidente de la universidad, Lewis Webster Jones, hasta la mañana siguiente. Jones llamó a los padres de Paula para preguntarles si se había ido a casa el fin de semana.

La madre de Paula se derrumbó de preocupación y fue confinada a su cama; por otro lado, el padre de Paula, el ingeniero W. Archibald Welden, abandonó inmediatamente su casa en Stamford, Connecticut, para ir a Bennington.

. . .

Al llegar, el Sr. Welden entró en acción organizando un equipo de búsqueda masiva, que incluyó a residentes locales así como a estudiantes de Bennington y el cercano Williams College.

Después de que pasó un día completo sin resultados, la mayoría de los estudiantes se rindieron frustrados. El Sr. Welden llamó a la policía estatal de Nueva York y Connecticut para ayudar. Vermont no tenía una fuerza policial estatal en ese momento, pero tenía un investigador estatal llamado Almo Franzoni, cuya participación solo sirvió para recaudar una recompensa de $5,000 por información.

Pasaron los días sin resolución. Aparecieron pistas extrañas en diferentes áreas, incluida una de una camarera en Fall River, Massachusetts, que afirmó haber servido la cena a una mujer perturbada que encajaba con la descripción de Paula. Curiosamente, esto tocó la fibra sensible del Sr. Welden; desapareció durante 36 horas para seguir el liderazgo. Sin embargo, nadie sabía adónde había ido el Sr. Welden hasta que regresó a Bennington.

Esto hizo que algunas personas creyeran que el Sr. Welden estaba relacionado de alguna manera con la desaparición de su hija.

Cuando empezaron a surgir otros hechos, Welden

parecía aún más culpable. Según los informes, Paula y su padre tuvieron una pelea por un pretendiente masculino, a quien su padre desaprobaba. El Sr. Welden pronto teorizó que el novio de Paula debía ser la parte responsable, pero no pudo ofrecer ninguna prueba para fundamentar sus afirmaciones más que decir que un clarividente de Pownal, Vermont se lo dijo.

El 16 de diciembre, el Sr. Welden amonestó a la policía por su falta de profesionalismo y regresó a Connecticut. Estaba particularmente horrorizado de que no se hubieran mantenido registros durante los primeros 10 días de la investigación. Una vez que los reporteros se enteraron de esto, se acercaron a Bennington y anotaron todo lo que pudieron encontrar. La prensa negativa finalmente llevó a la creación de la Policía Estatal de Vermont en julio de 1947.

Los grupos de búsqueda continuaron en el Long Trail, pero el mal tiempo finalmente obligó a los últimos participantes dispuestos a darse la vuelta, sintiendo que los últimos restos de Paula Jean Welden probablemente quedarían cubiertos e indetectables.

Nueve años después de la desaparición de Paula, se presentó un leñador. Afirmó que había estado en *Bickford Hollow* cuando Paula desapareció, y también afirmó saber dónde estaba enterrado su cuerpo. El abogado Reuben Levin interrogó al hombre incesantemente, hasta que el hombre admitió haberlo inventado todo para publicidad. Luego, en 1968, se encontró un esqueleto. Los investigadores se apresuraron con entusiasmo, con la esperanza de finalmente cerrar el viejo caso sin resolver. Pero nuevamente, sus esperanzas se vieron frustradas; se determinó que los restos eran demasiado viejos para ser de Paula.

Los análisis independientes del caso de Paula Jean Welden han llevado a las conclusiones habituales: se perdió y murió dentro del bosque o se fugó con un novio. Una de las teorías más inquietantes apunta al Triángulo de Bennington, una sección notoria del suroeste de Vermont donde cinco personas (incluida Paula) desaparecieron entre 1945 y 1950. Individuos como el autor de Nueva Inglaterra Joseph Citro creen que la desaparición de Paula tiene una explicación de otro mundo.

Oficialmente, el caso sin resolver de Paula Jean Welden permanece abierto, aunque es poco probable que se resuelva alguna vez.

10

Charley Ross

Tus **padres** siempre te dijeron que nunca aceptaras dulces de extraños, y por una buena razón. Hubo una vez un niño que aceptó caramelos de un extraño, su nombre era Charley Ross, y desapareció el 1 de julio de 1874, para no ser visto nunca más.

Ese día, Charley y su hermano Walter estaban jugando afuera de su mansión en el próspero vecindario de Germantown, Filadelfia. Dos hombres desconocidos, que les habían dado caramelos a los hermanos un par de veces antes, se acercaron y dijeron que en lugar de caramelos, tenían petardos para darles. *"Vengan"*, dijeron los desconocidos, *"suban a nuestro auto"*. Y subieron a una calesa los muchachos.

. . .

El vehículo aceleró alejándose de Germantown y se dirigió a la ciudad. Pronto, los chicos entraron en pánico. Charley empezó a llorar. Los hombres se detuvieron frente a una tienda y le entregaron a Walter 25 centavos. Le dijeron que entrara y comprara unos petardos. Tan pronto como Walter salió, los hombres se alejaron a toda velocidad, con Charley todavía dentro.

Mientras tanto, el padre de Charley, Christian, se enteró del secuestro después de que un vecino le dijera que había visto a los niños viajar en una calesa lejos de la casa. La madre de los niños estaba de permiso en Atlantic City, y Christian trató de evitar que la información le llegara. Pero a medida que pasaban los días y los dos niños seguían desaparecidos, la noticia pronto llegó a la Sra. Ross, a través de un anuncio en el periódico que pedía el regreso de los niños Ross.

Un conciudadano finalmente encontró a Walter y lo devolvió sano y salvo a casa. El niño asustado le contó todo a su familia. Poco tiempo después, Christian recibió una escalofriante nota sobre Charley, plagada de errores ortográficos y frases extrañas. Decía, en parte:

Si consideras que su vida no pone a nadie a buscarlo, tu dinero puede sacarlo con vida y no existen otros poderes, no te engañes a ti mismo y pienses que los detectives pueden quitárnoslo a nosotros porque eso es una imposición.

Desapariciones Misteriosas

El 7 de julio, llegó otra nota, exigiendo $20,000 por el regreso de Charley, una suma enorme en ese momento. Christian trabajó incansablemente con la policía para rastrear las cartas hasta los secuestradores y llevar a su hijo a casa. Por desgracia, cada pista se enfrió. Finalmente, las cartas dejaron de llegar por completo.

No fue hasta el 13 de diciembre, cinco largos meses después de la desaparición de Charley, que el caso recibió su primera gran oportunidad. Dos criminales de carrera, William Mosher y Joseph Douglas, estaban robando la casa del juez Charles Van Brunt en Bay Ridge, Brooklyn esa noche. El hermano de Van Brunt, Holmes, vivía al lado y vio el robo en curso. Reunió a un grupo de hombres y entró en la casa de su hermano, todos armados con diferentes herramientas.

Poco después de entrar, la casa estalló en un tiroteo. Ambos ladrones fueron abatidos a tiros: William Mosher fue asesinado a tiros, mientras que Douglas yacía herido de muerte. Lo que sucedió después sigue siendo difícil, si no imposible, de probar: según los presentes en la casa, un agonizante Douglas admitió haber secuestrado a Charley Ross, afirmó que no sabía si el niño estaba muerto o seguía vivo, pero solo Mosher sabía de su paradero.

. . .

Douglas luego sucumbió a sus heridas, sin proporcionar pistas adicionales.

El joven Walter fue transportado a Nueva York para inspeccionar a los muertos. Identificó a ambos como los secuestradores en la calesa. Mosher fue especialmente fácil de identificar, debido a su nariz sifilítica y deformada. Se desconoce si Mosher y Douglas fueron realmente los culpables del secuestro. En cualquier caso, Charley Ross no regresó a casa.

Christian gastó casi $60,000 en la búsqueda de Charley, hasta su propia muerte en 1897. En todo momento, muchos hombres adultos se presentaron afirmando ser Charley. Cada caso fue más cuestionable que el anterior.

Uno de esos hombres fue Gustave Blair, de Phoenix, Arizona, quien solicitó a un tribunal que lo reconociera oficialmente como el verdadero Charley Ross. Afirmó que después de su secuestro vivió en una cueva antes de ser adoptado por un hombre que le dijo que su nombre era, de hecho, Charley Ross. Sorprendentemente, dado que el reclamo de Blair fue indiscutible, el tribunal falló a su favor. La familia Ross se negó a aceptarlo.

. . .

El secuestro de Charley Ross en 1874 recibió una amplia atención de los medios de comunicación, el primero de este tipo en la historia de Estados Unidos. Lamentablemente, el pequeño Charley y su paradero nunca fueron descubiertos. Hoy, todo lo que queda es la ominosa advertencia, "no aceptes caramelos de extraños".

11

La tripulación del Carroll A. Deering

En 1921, el barco fue descubierto en Carolina del Norte en circunstancias sospechosas. Días después, la tripulación y sus pertenencias habían desaparecido, para siempre.

En la mañana del 31 de enero de 1921, el Carroll A. Deering fue avistado frente a la costa de Cape Hatteras, Carolina del Norte. La goleta comercial de cinco mástiles había hecho contacto con tierra por última vez dos días antes, cuando el capitán Jacobson del *Cape Lookout Lightship* recibió una llamada del barco.

Informó que habló con un hombre delgado, pelirrojo con acento extranjero, quien afirmó que el barco había perdido sus anclas y que su tripulación se arremolinaba por la cubierta de una manera inusual.

Debido a las inclemencias del tiempo, el barco fue

inaccesible durante varios días más después de ser visto en un banco de arena, y cuando los equipos de rescate finalmente abordaron el barco el 4 de febrero, estaba completamente vacío. Aunque todas las pertenencias de la tripulación, el registro del barco y los dispositivos de navegación y los botes salvavidas se habían ido, parecía que se estaba preparando una comida en el momento de la desaparición de la tripulación. La única señal de vida que quedaba en el barco eran algunos gatos.

Esto es lo que se sabe sobre el Deering: era un carguero que partió de Norfolk, Virginia, el 8 de septiembre de 1920, llegando a su destino sudamericano en Rio de Janeiro a fines de noviembre. Después de entregar la carga del barco, la tripulación se quedó en Río otros días antes de regresar a América del Norte el 2 de diciembre.

Durante una escala en Barbados el 9 de enero para recoger suministros, Hugh Norton, un capitán de otro barco, escuchó al primer oficial Charles B. McLellan hablar de sus crecientes frustraciones con el capitán del Deering: el capitán WB Wormell. Según McLellan, el capitán Wormell tenía mala vista y poca capacidad para dirigir a la tripulación.

Wormell había sido un reemplazo de último minuto del capitán original, William M. Merritt. Antes de que el

Deering zarpara, Merritt se enfermó gravemente, lo que retrasó el paso del barco en Delaware durante casi dos semanas. Resultó que el hijo del capitán Merritt, S.E. Merritt, había sido el primer oficial previsto. Pero decidió quedarse con su padre para ayudarlo a recuperarse, por lo que McLellan se convirtió en su suplente de último minuto, y Wormell se convirtió en capitán.

El capitán Wormell tenía sus propias dudas sobre la tripulación, que platicó a un amigo de confianza. Sus preocupaciones fueron fundadas: antes de salir de Barbados, McLellan fue arrestado por amenazar la vida de Wormell. Afortunadamente para McLellan, el Capitán lo perdonó y lo sacó de la cárcel. Posteriormente, el barco y su tripulación continuaron hacia el norte, hacia casa. Pero nunca lo lograron, su barco fue encontrado a la deriva en la costa de Carolina del Norte solo unas semanas después.

Cuando la Guardia Costera vino a rescatar al Deering, abordaron el barco en un intento de buscar pistas. Se destacaron algunas cosas extrañas: el alojamiento del capitán tenía huellas de tres pares de botas diferentes, lo que significa que un puñado de personas había entrado y salido de su habitación personal.

Había una cama supletoria en la habitación y se había dormido recientemente. Sobre su escritorio había un mapa que mostraba los movimientos del barco; estaba marcado con la letra del capitán hasta el 23 de enero; luego, otra persona con una escritura completamente diferente se había hecho cargo de seguir el rumbo del barco.

Con el tiempo, ha habido muchas teorías sobre lo que sucedió en los días entre el 29 de enero y el 31 de enero de 1921. La opinión más extendida es que hubo un motín a bordo del barco, después del cual la tripulación huyó con los botes salvavidas. Esta teoría se basa en gran parte en el testimonio del Capitán Norton en Barbados sobre la tensión entre la tripulación y el Capitán, así como en el estado antinatural de la tripulación en cubierta cuando fue descubierto por el Capitán Jacobson. Sin embargo, otros afirman que no hay forma de que los botes salvavidas hayan llegado a la costa, además de que no se recuperaron cuerpos de la zona.

Las teorías alternativas incluyen el secuestro de piratas (la viuda del capitán pensó que esta era la verdadera causa), los corredores de ron de la era de la Prohibición que se adelantaron al barco e incluso la actividad paranormal: estaban navegando a través del Triángulo de las Bermudas, después de todo.

En un momento, el gobierno pensó que había encontrado la verdadera causa de la desaparición de Deering después de que un hombre llamado Christopher Gray dijera que descubrió un mensaje en una botella en una playa de Carolina del Norte. El mensaje decía:

DEERING CAPTURADO POR BARCO QUEMADOR DE PETRÓLEO, ALGO COMO CHASER. NOS QUITARON TODO, TRIPULACIÓN ESPOSADA. TRIPULACIÓN ESCONDIDA POR TODO EL BARCO. NO HAY OPORTUNIDAD DE HACER ESCAPE. BUSCADOR POR FAVOR NOTIFIQUE A LA SEDE DEERING.

Gray confesó más tarde que había falsificado el mensaje después de solicitar un trabajo en el *Cape Lookout Lightship*, donde se había visto al Deering por última vez. Gray pensó que resolver el misterio lo ayudaría a conseguir el trabajo, pero terminó dejándolo bajo custodia federal.

Ahora, más de 90 años después, el misterio aún permanece, y es posible que nunca se sepa la verdad sobre Carroll A. Deering y su tripulación desaparecida.

12

Las tres de Springfield

Terminar la escuela secundaria es un momento emocionante para la mayoría de los adolescentes estadounidenses y sus familias. Pero para dos adolescentes de Springfield, Missouri y la madre de una de las adolescentes, la graduación de la escuela secundaria marcó un final desconcertante y trágico.

Las amigas de la escuela secundaria Suzanne "Suzie" Streeter, Stacy McCall y la madre de Streeter, Sherrill Levitt, desaparecieron poco después del día de graduación de Suzie y Stacy.

Veintisiete años después, su paradero sigue siendo un misterio.

. . .

Era el año 1992, y Suzie Streeter, de 19 años, y su amiga de toda la vida Stacy McCall, de 18, acababan de graduarse de Kickapoo High School el 6 de junio.

Estaban celebrando con sus compañeros de clase, saltando de una fiesta de graduación a otra, y fueron vistas por última vez alrededor de las 2:15 a.m. del 7 de junio cuando salieron de su última fiesta de la noche. En este punto, las dos mujeres se dirigieron a la casa de Streeter y Levitt para pasar la noche.

Sherrill Levitt tenía 47 años en el momento de su desaparición. Trabajó como cosmetóloga. Según todos los informes, la noche del 6 al 7 de junio fue relativamente tranquila para ella. Había estado hablando por teléfono con un amigo, hablando de pintar un armario, alrededor de las 11:15 p.m.

Teniendo en cuenta que las pertenencias de Suzie y Stacy se encontraron más tarde en la casa de Levitt (carteras, ropa, cigarrillos, maquillaje, etc.), se supone que la pareja, de hecho, llegó a su destino previsto. Sus coches también estaban en el camino de entrada. Sin embargo, a la mañana siguiente, cuando los amigos llegaron a la casa de Levitt, ni Suzie, Stacy ni Sherrill estaban por ningún lado.

. . .

Un grupo de graduados planeaba ir juntos a un parque acuático de Branson, Missouri, el 7 de junio. Janelle Kirby, una amiga de Suzie y Stacy, esperaba que la pareja llegara a su casa en la mañana del 7 de junio para partir juntas hacia el parque acuático, pero la mañana pasó y Suzie y Stacy aún no habían aparecido.

Así que Janelle y su novio decidieron ir a la casa para ver si las chicas se habían ido al parque acuático sin ellas. Cuando se acercaron a los escalones de la entrada, notaron que el globo de luz del porche estaba roto, aunque la bombilla todavía estaba encendida. Los cristales rotos brillaban a la luz del sol. El novio de Janelle tomó amablemente una escoba, barrió y tiró los vidrios. Pensó que estaba siendo útil, pero en realidad, sin saberlo, contaminó la escena del crimen.

La puerta principal estaba abierta. Al entrar, Janelle y su novio notaron que todo estaba intacto, sin signos de lucha. Al parecer, habían dormido en las camas, todavía había paquetes de cigarrillos y todos los coches estaban aparcados en el camino de entrada. Incluso el Yorkie Cinnamon de Suzie estaba en casa, aunque el perro parecía agitado. Suzie, Stacy y Sherrill no estaban por ningún lado.

. . .

Justo antes de que Janelle y su novio estuvieran a punto de irse, sonó el teléfono de la casa. Respondió Janelle. La persona que llamó no se identificó, pero comenzó a hacer comentarios sexuales lascivos, por lo que Janelle colgó, asumiendo que era una broma. Ella y su novio se fueron de la casa.

El día transcurrió sin señales de las mujeres desaparecidas. Pronto se corrió la voz a Janis McCall, la madre de Stacy. Después de llamar a la casa de Levitt pero no recibir respuesta, Janis decidió visitar a su hija en persona, ya que no había tenido noticias suyas desde la noche anterior. Llegó cuando el sol comenzaba a ponerse el 7 de junio. Descubrió que la puerta de la casa estaba abierta y entró. Al entrar, encontró la misma escena inquietantemente inmóvil que Janelle y su novio presenciaron por primera vez ese mismo día: la televisión en el dormitorio estaba encendida, sintonizada con estática; los artículos personales se dejaron atrás.

Janis notó que el traje de baño de su hija, las llaves del auto, el kit de maquillaje y una muda de ropa estaban ordenados en una pila. Había pruebas en el baño que sugerían que las chicas se habían quitado el maquillaje de la noche anterior. Curiosamente, los bolsos de las tres mujeres estaban alineados a lo largo de un escalón que conducía a la habitación de Suzie.

Los informes indican que quedó un correo de voz en

la máquina, pero se borró accidentalmente: presumiblemente mientras alguien intentaba escuchar.

Más de 16 horas después de que las mujeres fueran vistas por última vez, se llamó a la policía. A medida que se extendía la preocupación por las mujeres desaparecidas, amigos y familiares visitaron la casa de Levitt antes de que la policía tuviera la oportunidad de investigar a fondo, contaminando aún más la escena del crimen.

El primer sospechoso fue el hijo de Sherrill, Bartt Streeter, quien anteriormente había peleado con su madre y su hermana por su problema con la bebida. Sin embargo, después de proporcionar a las autoridades una coartada, Bartt fue descartado como sospechoso. Las autoridades también sospecharon del ex novio de Suzie, Dustin Recla.

Dustin y su amigo Michael Clay ya estaban en el radar de las autoridades, después de haber sido acusados de destrozar un mausoleo en un cementerio local y quitar dientes de oro a un cadáver. Sin embargo, Dustin y Michael cooperaron con la policía y fueron descartados como sospechosos.

Las autoridades continuaron buscando pistas, pero encontraron muy pocas. Los días se convirtieron en semanas, en meses y el caso se enfrió. Luego, en 1996, salió a la luz una pista prometedora en la forma de un preso de Texas llamado Robert Craig Cox. Cox era un guardabosque del ejército entrenado que en 1988 había sido arrestado y condenado en Florida por el asesinato de Sharon Zellers en 1978. Esa decisión fue revocada por la Corte Suprema de Florida en 1989 debido a pruebas insuficientes, sin embargo, otros delitos permanecieron en la hoja de antecedentes penales de Cox.

En 1986, se declaró culpable de secuestro y asalto con un arma mortal en California. Fue condenado a nueve años de prisión por el delito. Luego, las autoridades de Florida acusaron a Cox del asesinato de Zellers. Después de la revocación de 1989 por parte de la Corte Suprema de Florida, Cox fue enviado de regreso a California para terminar de cumplir su condena en prisión. El *Orlando Sentinel* informa que fue puesto en libertad condicional a fines de 1990 y pronto regresó a la casa de su niñez en Springfield, Missouri.

Cox laburaba como trabajador de servicios públicos en el momento de la desaparición de las Tres de Springfield.

Según los informes, Cox también trabajó como mecánico en un lote de autos usados donde el padre de Stacy trabajaba como vendedor. Fue entrevistado por la policía en

1992, pero afirmó que estaba con su novia la mañana del 7 de junio. En ese momento, la novia de Cox había corroborado su coartada.

A fines de la década de 1990, Cox estaba tras las rejas una vez más, cumpliendo una sentencia de 30 años por robo a mano armada en Texas. Fue entonces, en 1996, que Cox le dijo a un reportero de KY3 News que sabía sobre las desapariciones y muertes de las Tres de Springfield. Afirmó que sabía que las mujeres estaban muertas y que sus cuerpos nunca serían encontrados.

Además, la novia de Cox se había presentado más tarde para retractarse de su corroboración inicial de la coartada de Cox. Afirmó que Cox le dijo que mintiera si la policía alguna vez preguntaba dónde estaban ese fatídico fin de semana de junio.

Cox, sin embargo, era un notorio buscador de atención, por lo que las autoridades no estaban seguras de si Cox estaba mintiendo sobre su participación para mantenerse en el centro de atención.

Si bien Cox era un sospechoso prometedor, las autoridades no tenían pruebas concretas con las que perseguir una condena, así que finalmente, el caso se enfrió una vez más.

La investigación del caso de los Tres de Springfield no ha llevado más que a callejones sin salida y frustración. Las teorías sobre lo que les sucedió a las mujeres esa noche van desde el secuestro y la trata de personas hasta el asesinato calculado. En un momento, los investigadores recibieron un aviso de que las mujeres estaban enterradas en los cimientos del estacionamiento sur de un hospital local, aunque no creían que esta "pista" fuera lo suficientemente creíble como para justificar la rotura del cemento.

A principios de 2019, surgieron informes de que Bartt Streeter fue arrestado bajo sospecha de intoxicación pública, conducta desordenada e intento de encarcelamiento falso por parte de una niña de 15 años después de un incidente del 28 de febrero en un salón de manicura en Smyrna, Tennessee. Más tarde, la familia Streeter emitió un comunicado diciendo que los cargos eran "exagerados".

¿Qué sucedió realmente en esa fatídica noche de 1992? ¿Fue un secuestro planeado de antemano?

¿Fue perpetrado por una sola persona? ¿Las mujeres se fueron voluntariamente, ya que no había signos evidentes de lucha? Todas estas preguntas continúan royendo a las autoridades y pesando a los familiares sobrevivientes. A pesar de aproximadamente 5,000 pistas a lo largo de los años, el caso sigue sin resolverse.

En 1997, la policía declaró legalmente muertas a las tres mujeres. Aun así, el caso aún no se ha cerrado, por lo que cualquier información que tenga aún es bienvenida por la policía.

13

Virginia Carpenter

Pocas cosas son más inquietantes que un caso de personas desaparecidas sin resolver. ¿Qué le pasó a Virginia Carpenter? Ha estado desaparecida durante más de 69 años y los investigadores siguen tan perplejos como en 1948.

Virginia era una hermosa mujer de 21 años, conocida por sus amigos por ser despreocupada y educada. Recientemente se había inscrito en el *Texas State College for Women* en Denton, donde planeaba convertirse en técnica de laboratorio. Anteriormente asistió a *Texarkana Junior College* y ahorró dinero para poder perseguir su sueño de trabajar en ciencias. Sin embargo, Virginia no logró asistir ni siquiera a una de sus clases en el *Texas State College for Women*. Algo, o alguien, la detuvo en seco.

. . .

El 1 de junio de 1948, Virginia se fue de su casa en Texarkana, Texas y abordó un tren al campus de Denton para comenzar sus clases de verano. Al llegar, tomó un taxi hasta su alojamiento para estudiantes en Brackenridge Hall. Se subió a un taxi conducido por Edgar Ray "Jack" Zachary. El conductor dijo que llegó con Virginia al frente del vestíbulo alrededor de las 9:30 pm. Cuando se detuvieron, Zachary notó que dos hombres en un convertible estaban estacionados en el frente y la llamaban. Según el conductor, Virginia llamó a los chicos: *"Bueno, ¿qué están haciendo aquí?"*

Debido a que uno de sus baúles aún no había llegado, Virginia le pagó a Zachary un dólar para que fuera a buscar el artículo a la estación de tren a la mañana siguiente. En cuanto al equipaje que tenía con ella en el taxi, Virginia le dijo a Zachary que los dos hombres la ayudarían. Dijo que conocía a la pareja y habló con ellos un poco mientras Zachary se alejaba. Este fue el último avistamiento informado de Virginia Carpenter, nunca se registró en su dormitorio.

A la mañana siguiente, Zachary recogió y dejó su baúl en Brackenridge Hall, donde estaba sin abrir en la puerta principal.

. . .

Las identidades de los dos hombres siguen siendo un misterio hasta el día de hoy, la única información que poseían las autoridades era una descripción física laxa de los dos hombres proporcionada por Zachary - uno era alto, el otro bajo y fornido - y su auto color crema.

Tres días después, el 4 de junio, el novio de Virginia, Kenny Branham, se comunicó con la madre de Virginia ya que no pudo localizar a la joven. La madre de la muchacha se puso en contacto con el *Texas State College for Women* y descubrió que Virginia nunca se registró en el campus. Al día siguiente, el 5 de junio, la madre de Virginia llamó a las autoridades de Denton para denunciar la desaparición de su hija.

La policía se centró en su novio Kenny Branham y el taxista. Branham pasó las pruebas de polígrafo e insistió en que Virginia no tendría motivos para huir. No tenía un amante persuadiéndola para que se fuera, ni ex novios celosos, ni deseos de dejar su vida atrás. Branham también fue el primero en reportar la desaparición de Virginia a su madre, por lo que su participación es poco probable. Según el novio y la madre de Virginia, ella esperaba sinceramente comenzar su semestre en el *Texas State College for Women*. Esto llevó a los investigadores a concluir que la habían secuestrado.

. . .

Luego, la policía centró su atención en el taxista, la última persona que vio a Virginia con vida. En 1948, Zachary y su esposa afirmaron que el conductor había llegado a casa a las 10:00 p.m. y regresó al dormitorio de Virginia al día siguiente para dejar su baúl. En 1957, sin embargo, esta historia cambió.

La esposa de Zachary, ahora su ex esposa, le dijo a la policía que había mentido en 1948 cuando afirmó que su entonces esposo regresó a casa esa noche, sino que en realidad no regresó hasta las 2:00 o 3:00 de la mañana siguiente. Zachary fue llevado para ser interrogado durante toda la investigación, pasó múltiples pruebas de polígrafo y nunca fue acusado. En 1984 falleció.

En las semanas y meses posteriores a la desaparición de Virginia, numerosos avistamientos de la joven llegaron desde el sur de Texas hasta Louisiana y Arkansas. Un informe de un agente de venta de boletos en DeQueen, Arkansas, es particularmente convincente. El agente afirmó que la noche del viernes 11 de junio, una joven desembarcó de un autobús de Texarkana y encontró un asiento en el vestíbulo de la terminal de autobuses, coincidía con la descripción de Virginia.

Según el agente, ella también parecía nerviosa, mientras caminaba, se mordía el labio y preguntaba por los hoteles locales. Diez minutos más tarde, llegó un hombre de veintitantos años con cabello castaño claro, y los dos desaparecieron en la noche. Poco después de su partida, el agente recibió una llamada telefónica de una mujer que llamaba. Quería saber si la señorita Virginia Carpenter estaba en la estación.

El avistamiento del agente, así como todos los demás avistamientos, no pudieron ser confirmados. Pronto, el caso de Carpenter se enfrió. En 1955, fue declarada legalmente muerta.

El caso ha tenido algunas pistas y señalamientos nuevos a lo largo de los años. En 1998, la policía recibió una pista de un hombre de unos 70 años que afirmó saber no solo quién mató a Virginia, sino también dónde estaba enterrado su cuerpo. Afirmó que dos hombres habían violado a Carpenter y la mataron, y luego arrojaron su cuerpo en una presa en un tanque de almacenamiento. La policía registró el presunto lugar de enterramiento, pero no encontró restos. El alguacil también dijo que los dos sospechosos que fueron nombrados por el informante habían fallecido, lo que significa que sus nombres nunca fueron revelados al público.

Otros especulan que este caso podría tener una conexión con el Asesino Fantasma en Texarkana, la ciudad natal de

Virginia. Esa ola de asesinatos acabó con cinco víctimas y ocurrió un año antes de la desaparición de Virginia.

Curiosamente, Virginia conocía a tres de las víctimas.

¿Estaba conectada de alguna manera con el asesino? ¿La localizó en Denton para acabar con ella? Lamentablemente, es posible que nunca sepamos la respuesta.

14

Rudolf Diesel

Rudolf Diesel es probablemente más conocido como el inventor del motor que lleva su nombre, pero su desaparición desconcertante y aparentemente inexplicable el 29 de septiembre de 1913 dejó un misterio casi tan perdurable como el legado de sus logros de ingeniería.

Después de trabajar como ingeniero desarrollando todo, desde refrigeradores hasta motores de vapor, Diesel finalmente presentó la patente de su innovador motor en 1892.

En los años siguientes, el motor diesel se convertiría en una columna vertebral importante de las industrias de fabricación y transporte.

. . .

Entonces, una noche de 1913, mientras cruzaba el Canal de la Mancha a bordo del barco de vapor Dresden, Rudolf Diesel desapareció sin dejar rastro.

El 29 de septiembre de 1913, Diesel abordó un barco con destino a Amberes a Londres. Testigos en ese momento dijeron que cenó a bordo y se retiró a su cabina alrededor de las 10:00 pm, solicitando una llamada de atención para despertarle a las 6:15 de la mañana siguiente. Sin embargo, el hombre nunca durmió en la cama, y su ropa de dormir se encontró tendida sobre las mantas intactas de su colchón.

Las cuentas oficiales concluyeron que Diesel murió esa noche. Algunos dicen que se cayó por la borda durante un paseo de medianoche por las cubiertas (Diesel era un insomne conocido), pero no hay informes de mares agitados o inclemencias del tiempo que pudieran haber contribuido a tal caída.

La versión más común de los hechos dice que el hombre de 55 años se arrojó al mar para escapar de su mala salud, su creciente deuda o cualquier otra cosa que pudiera haberlo estado atormentando. Sin embargo, existen otras teorías.

. . .

El motor homónimo de Diesel fue fundamental en el desarrollo de los submarinos alemanes, que jugarían un papel importante tanto en la Primera como en la Segunda Guerra Mundial. Algunos creen que los agentes alemanes se colaron a bordo del barco de Diesel y lo mataron para evitar que compartiera sus inventos con los británicos.

Las historias de lo que sucedió después de la desaparición de Diesel también son variadas. Incluso los informes de los periódicos de la época no pudieron hacer un seguimiento de los hechos del caso, ni de la seguridad financiera de la familia Diesel. *The New York Times* publicó dos titulares separados con unas semanas de diferencia: uno decía: "Inventor alemán era millonario y su hogar era feliz", mientras que el otro anunciaba "FAMILIA DIESEL EN ESTRECHOS: inventor desaparecido que se dice que los dejó en extrema necesidad".

De hecho, la familia Diesel se hizo bastante rica como resultado de las patentes de Rudolf; el propio Rudolf pudo haber sido mejor ingeniero que administrador de dinero. Los informes sugirieron que tenía una deuda considerable antes de su desaparición, lo que llevó a algunos investigadores a sospechar que había más en su desaparición de lo que se veía a simple vista.

. . .

Para aumentar el misterio, el cuerpo de Diesel nunca se recuperó oficialmente. Sin embargo, hay dos relatos que pueden arrojar algo de luz sobre el paradero de su cuerpo después de su desaparición. Diez días después de su desaparición, la tripulación de un barco holandés sacó el cuerpo de un hombre del mar cerca de Noruega. Los restos estaban demasiado descompuestos para ser identificados, pero se llevaron las pertenencias del cuerpo, que luego fueron identificadas por el hijo de Diesel como pertenecientes al inventor fallecido.

El 14 de octubre de 1913, apareció otro informe de lo que pudo haber sido el cuerpo de Diesel, cerca de la desembocadura del río Escalda, pero la persona que lo encontró se vio obligada a tirarlo por la borda debido al mal tiempo.

Además de la falta de un cuerpo, otras circunstancias extrañas que rodearon la desaparición de Diesel han llevado a especular sobre la naturaleza, y, de hecho, los hechos, de su desaparición. Según Greg Pahl, autor del libro *Biodiesel: Growing a New Energy Economy*, Diesel le dio a su esposa una bolsa poco antes de irse de viaje, con instrucciones de no abrirla hasta la semana siguiente.

Dentro había estados financieros que indicaban su deuda, así como una suma sustancial en marcos alemanes.

• • •

Quizás más siniestro aún, Diesel había dibujado una pequeña cruz en su diario junto a la fecha en que desapareció. Si esto fue una indicación de su intención de quitarse la vida, el conocimiento de su asesinato inminente o tuvo algún otro significado, es posible que nunca lo sepamos.

Estos extraños relatos, junto con algunos otros, han llevado a algunos a plantear la hipótesis de que Diesel ni se suicidó ni fue asesinado, sino que fingió su propia muerte y se ocultó. De hecho, en la primavera de 1914, incluso el New York Times informaba sobre lo que resultó ser un rumor sin fundamento de que el inventor estaba vivo y había sido visto en Canadá.

Rudolf Diesel fue incluido en el Salón de la Fama de la Automoción en 1978, décadas después de que desapareciera sin dejar rastro. En un caso tan frío, la historia completa probablemente nunca se sabrá, pero ahora que has escuchado la historia de la misteriosa desaparición de Rudolf Diesel, es posible que nunca vuelvas a ver un motor diesel de la misma manera.

15

Vuelo 370

AMELIA EARHART. DB Cooper. El triángulo de las Bermudas. A partir de marzo de 2014, puedes agregar el vuelo 370 de Malaysia Airlines a la lista de algunos de los misterios de la aviación más intrigantes del mundo. Si has oído hablar de este avión condenado, querrás seguir leyendo para conocer algunos hechos y comentarios interesantes.

Si no has oído hablar de la historia del MH370, prepárate para un viaje salvaje, extraño e inexplicable.

El vuelo 370 de Malaysia Airlines despegó durante la noche desde Kuala Lumpur, la capital de Malasia. Su destino final fue Beijing, China.

. . .

Justo después de la medianoche, a las 12:14 am del 8 de marzo de 2014, Malaysia Airlines perdió contacto con el avión cerca de la isla de Phuket en el Estrecho de Malaca.

Se cree que las últimas palabras del avión fueron *"Buenas noches, Malasia tres-siete-cero"*. En ese momento no se pensó mucho en ellos, pero después de todo lo que sucedió, las palabras son francamente inquietantes.

Después de algunas observaciones cuidadosas, se determinó que el vuelo continuó volando durante siete horas más, a juzgar por los "pings" de los satélites del avión. Finalmente se estrelló en algún lugar una vez que se acabó el combustible. Pero una pregunta candente permanece años después: ¿dónde?

Parte de lo que hace que la desaparición del MH370 sea tan misteriosa es que a muchos les cuesta creer que un avión de pasajeros que transporta a 239 personas pueda desaparecer en el aire en estos tiempos.

Comencemos por revisar quiénes eran el piloto y el primer oficial. El primer oficial de 27 años, Fariq Hamid, estaba casi completamente certificado. Lamentablemente, MH370 fue el último vuelo que necesitaba completar.

 Sus amigos han dicho que Hamid era religioso y muy

serio acerca de su carrera. Estaba comprometido con una piloto de otra aerolínea con la que planeaba casarse pronto. En todos los casos, su vida parecía perfecta.

Por supuesto, con los casos de alto perfil viene la prensa negativa. Un canal de televisión australiano mostró una entrevista con una mujer sudafricana que afirmó que Fariq y un compañero piloto la invitaron a ella y a un amigo a la cabina durante un vuelo de 2011. Supuestamente fumaba y coqueteaba con las mujeres. Las acusaciones de la mujer vinieron con fotos de Fariq posando con más mujeres.

El capitán Zaharie Ahmad Shah, de 53 años, ha tenido una prensa mucho peor desde su misteriosa desaparición. El esposo y padre era uno de los capitanes de mayor rango en Malaysia Airlines. Le encantaba practicar en el simulador de vuelo de su casa y generaba publicaciones sobre ello en foros en línea.

Ese mismo simulador fue confiscado y examinado por la policía. ¿Por qué? Shah era (y sigue siendo) el principal sospechoso de la desaparición, pero no se han obtenido pruebas contundentes.

. . .

Hubo una supuesta "carrera suicida" en el simulador, con el capitán abandonando el avión en las profundidades del Océano Índico Meridional. Curiosamente, Shah parecía estar bien manejando el estrés: su vida en el hogar era buena y no tenía antecedentes de irritabilidad, ansiedad y cosas por el estilo. Nada parecía ser una señal de advertencia para familiares o amigos.

Las 239 personas que estaban a bordo del vuelo condenado están desaparecidas y se presume que están muertas.

De esos pasajeros, había calígrafos chinos, una pareja que regresaba a casa con sus hijos después de unas vacaciones, un estadounidense que empezaba un nuevo trabajo y más. Había 14 nacionalidades representadas entre la docena de tripulantes y 227 pasajeros.

La mayoría de las personas que viajaban en el avión eran de ascendencia china.

También había un puñado de niños a bordo del vuelo. El especialista en Hollywood de Jet Li estuvo presente.

. . .

Además, había dos hombres iraníes con pasaportes falsificados que al principio despertaron sospechas, pero luego se descubrió que no tenían conexión con ningún terrorismo.

Los hombres, de 19 y 29 años, eran amigos que esperaban buscar asilo en Europa. El jefe de Interpol en ese momento, Ronald Noble, fue citado diciendo que cuanta más información obtenían, "más se inclinaban a concluir que no se trataba de un incidente terrorista".

La primera pieza del avión tardó más de un año en llegar a la costa de la Isla Reunión, a miles de kilómetros de Kuala Lumpur. Era un pedazo del ala del avión. Desde su desaparición, se han encontrado un total de 34 piezas de escombros.

El autor y periodista estadounidense Jeff Wise ha escrito *The Taking of MH370*. Wise, que también es piloto privado, se interesó por primera vez en el caso cuando Slate y CNN se acercaron a él para cubrirlo. Ha cubierto numerosos accidentes aéreos en su carrera, incluido Air France 447.

Cuando se le preguntó a Wise por qué pensaba que este caso fascinaba a la gente, respondió que creía que debería fascinar más a la gente. *"Un transatlántico de última generación desapareció con 239 [personas a bordo] y nadie puede ofrecer una explicación plausible"*, dijo.

Wise quería señalar que hay dos misterios en este caso, el primero es la desaparición del avión. *"Hay varias formas en que esto pudo haber sucedido"*, dijo. *"Luego vino un misterio aún más intratable con el que ni las autoridades ni los medios de comunicación se han enfrentado: permaneció desaparecido"*.

Wise continuó: *"Simplemente no estaba donde los expertos calcularon que estaría, a pesar del hecho de que se gastaron cientos de millones de dólares para buscar en un área del tamaño de Gran Bretaña"*.

Wise siente que eventualmente se encontrará el avión, pero requerirá un paso atrás a los primeros principios por parte de las autoridades y expertos, y un reconocimiento de que algunas de sus suposiciones básicas deben haber sido incorrectas.

Las teorías que rodean la desaparición de MH370 son muchas: algunas son bastante razonables de comprender, mientras que otras son simplemente extravagantes.

. . .

La primera es la hipoxia, o falta de oxígeno, que ha sido una teoría de amplia circulación, muy considerada tanto por el gobierno de Malasia como por la Oficina de Seguridad del Transporte de Australia. Muchos creen que de alguna manera todos a bordo, incluidos los pilotos, terminaron inconscientes. El avión voló en piloto automático hasta que se acabó el combustible y luego se estrelló contra el océano.

Algunos creen que hubo un secuestro con un corte en el suministro de oxígeno, o más simplemente que podría haber ocurrido un accidente de algún tipo. Otros sienten que Shah tenía tendencias suicidas y que inhabilitó la comunicación mientras era el único despierto y dirigió el avión hacia el océano.

Existe otra teoría que implica que el avión aterrizó y fue escondido en algún lugar. Los teóricos de la conspiración han especulado que el avión pudo haber aterrizado en la base militar estadounidense Diego García, una pequeña isla en el Océano Índico. El gobierno de Estados Unidos ha dicho que esta teoría no es cierta.

A raíz de la desaparición, un periódico ruso dijo que el MH370 fue secuestrado y trasladado a Afganistán, y que los pasajeros y la tripulación están detenidos como prisioneros.

. . .

También, se dice que había 221 kg (aproximadamente 487 libras) de baterías de iones de litio a bordo del avión. Supuestamente eran tan grandes que no podían pasar por la máquina de rayos X del aeropuerto. El investigador jefe de la desaparición, el Dr. Kok Soo Chon, dijo que es muy improbable que las baterías hayan provocado un incendio en el avión.

Había una teoría de la conspiración de que las baterías reaccionaron a un envío de mangostanes (una fruta tropical) que se encontraba a bordo, provocando humos peligrosos o un cortocircuito y un incendio posterior. El informe dijo que un vuelo corto y condiciones controladas habrían hecho que esto fuera muy poco probable.

Algunos en las redes sociales creen que el avión fue tomado por extraterrestres. Con los escombros que han aparecido, esta teoría probablemente no sea cierta. Pero, de nuevo, nadie sabe. ¿Qué crees que le pasó al MH370?

16

Colonia perdida de Roanoke

Uno de los misterios perdurables de la historia estadounidense es la colonia perdida de Roanoke. Establecido en 1585 como un intento inglés de crear un asentamiento permanente en América del Norte, Roanoke fue encontrado abandonado en 1590. Ha habido muchas teorías para explicar lo que sucedió con los colonos desaparecidos, pero no ha habido ningún éxito en determinar el destino de las 116 personas que aparentemente desaparecieron sin dejar rastro.

En 1584, la reina Isabel I le dio a Sir Walter Raleigh una carta real para colonizar América del Norte a fin de establecer una base desde la cual Inglaterra pudiera atacar las flotas del tesoro españolas que llegaran a sus colonias del sur y centro de América. Raleigh envió la primera expedición para explorar la costa este de América del Norte. Desembarcó en la isla de Roanoke y estableció buenas relaciones con los croatas, los nativos americanos que vivían en la isla. La expedición trajo consigo a dos croatas a Inglaterra, y los nativos explicaron cómo vivir en la isla.

Armado con esta nueva información, Raleigh organizó una segunda expedición, que fue un desastre. Había tensiones entre este grupo y los nativos americanos, y había mucha lucha entre ellos porque los indios estaban enojados porque los ingleses estaban explotando la tierra y los recursos. Gran parte de esta expedición regresó a Inglaterra. Solo un pequeño grupo de quince hombres se quedó atrás para proteger el fuerte y el reclamo de Raleigh sobre la isla Roanoke.

En 1587, Raleigh envió una tercera y última expedición, convirtiendo a su amigo John White en líder y gobernador de la colonia. Este tercer viaje fue diferente porque incluyó mujeres y niños, lo que indicaba que tenían la intención de asentarse en la isla. Cuando White y su grupo llegaron, todo lo que encontraron del pequeño grupo anterior de quince fue un esqueleto. John White restableció las buenas relaciones con los croatas, pero algunos nativos americanos con los que los viajeros anteriores habían luchado se negaron a reunirse con él.

John White regresó a Inglaterra a fines de 1587 y planeaba regresar con más suministros. El asalto de la

Armada española a Inglaterra en 1588 retrasó su regreso. La guerra que siguió entre España e Inglaterra hizo difícil que White regresara a Roanoke; no pudo reunir suministros y reservar el pasaje de regreso a la colonia durante tres años. Finalmente regresó el 18 de agosto de 1590, el tercer cumpleaños de su nieta. Roanoke estaba completamente desierto; no había nadie allí y no había señales de lucha, batalla o juego sucio.

Las únicas pistas que quedaron que dieron alguna pista sobre el destino de los colonos de Roanoke fueron la palabra "Croatoan" tallada en un poste de la cerca y las letras "CRO" talladas en un árbol. Todos los edificios habían sido desmontados, por lo que la gente no se había visto obligada a irse a toda prisa. Los colonos recibieron instrucciones de tallar una cruz de Malta en un árbol si se veían obligados a irse en contra de su voluntad. No se encontró ninguna cruz de Malta en el lugar.

White asumió, con todas estas pistas, que los colonos se habían mudado a la cercana isla croata, pero el mal tiempo impidió que él y sus hombres fueran a buscarlos.

Sus hombres no querían ir con él a buscar a los colonos desaparecidos y se fueron al día siguiente.

. . .

Desde que los colonos desaparecieron en 1590, se han realizado investigaciones sobre lo ocurrido en Roanoke.

En 1602, Sir Walter Raleigh decidió averiguar él mismo lo que sucedió. Contrató su propio barco y pagó el salario de sus marineros para que se concentraran en la misión.

Llegaron a Virginia, pero una fuerte tormenta los obligó a regresar a Inglaterra antes de que pudieran llegar a la isla de Roanoke. Cuando regresó a Inglaterra, Raleigh fue arrestado por traición antes de que pudiera organizar más misiones de regreso a Roanoke.

En 1603, otra misión de investigación a Roanoke dirigida por Bartholomew Gilbert terminó en desastre. Una tormenta desvió la expedición del rumbo y el equipo que desembarcó fue atacado y asesinado por nativos americanos. El resto de la tripulación regresó a Inglaterra sin haber encontrado ninguna información sobre los colonos de Roanoke. Parecía que nunca habría una respuesta definitiva al misterio de las desapariciones.

A lo largo de los años, se han presentado muchas teorías e hipótesis para ayudar a tratar de explicar este misterio de larga data. Van desde los potencialmente verdaderos hasta los más extravagantes. Algunos incorporan creencias espirituales, mientras que otros utilizan datos estrictamente científicos e históricos para resolver el misterio. Si bien se han presentado muchas explicaciones, las teorías más comunes que se han discutido podrían ayudarnos a descubrir qué le sucedió a la gente de Roanoke.

La teoría más popular es que los colonos abandonaron Roanoke y buscaron refugio con otras tribus indígenas. Hubo muchos avistamientos documentados de europeos y su influencia en los años posteriores a la desaparición de los colonos, y la teoría dice que estos europeos podrían haber sido los colonos desaparecidos o sus descendientes.

La teoría principal es que los colonos de Roanoke se mudaron a la isla Croatoan y se unieron a los nativos americanos que vivían allí. La isla Croatoan se encuentra al sur de la isla Roanoke y fue el hogar de los indios croatoan. Los colonos tenían buenas relaciones con ellos, por lo que podemos suponer que los colonos fueron absorbidos por la tribu.

Esta teoría nunca ha sido corroborada, pero con las pistas dejadas en Roanoke, más las buenas relaciones que existían entre los colonos y los indios en el momento de su desaparición, es todo lo que tenemos para continuar.

. . .

Existe otra teoría de que los colonos se unieron a los croatas y se trasladaron tierra adentro a lo largo del río Alligator, un poco tierra adentro desde la isla de Roanoke.

Allí se ha descubierto un sitio arqueológico de asentamientos, incluidos cementerios. Los ataúdes en los cementerios tienen marcas cristianas en ellos, pero no había ningún registro previo de ningún asentamiento o la tumba en este lugar. Sin embargo, no hay evidencia definitiva de que este sitio perteneciera a los colonos desaparecidos de Roanoke.

Si bien la teoría predominante es que la gente de Roanoke se fusionó con las poblaciones indígenas locales, es posible que no haya tenido un final tan feliz. Teniendo en cuenta que nunca más se supo de la gente, es muy probable que se hayan encontrado con tribus nativas americanas hostiles. Podrían haber sido tomados como esclavos.

La palabra "Croatoan" se encontró tallada en un poste de la cerca en la colonia abandonada, y su presencia en el sitio es uno de los misterios más confusos de Roanoke. ¿Por qué se encontró allí? La palabra "croatoan" también está relacionada con otros sucesos misteriosos a lo largo de los siglos, cada uno más desconcertante que el anterior.

Desapariciones Misteriosas

. . .

Justo antes de morir, Edgar Allen Poe desapareció por un corto tiempo, cuando lo volvieron a ver, estaba delirando. En este estado final de delirio antes de su muerte, supuestamente una de las últimas palabras que dijo fue "croatoan". Se desconoce la causa oficial de la muerte de Poe, y sus registros médicos y certificado de defunción se han perdido, por lo que nunca sabremos qué le sucedió la noche en que murió.

La palabra también ha aparecido en varias otras desapariciones famosas en los siglos XIX y XX. En 1888, el ladrón de diligencias, Black Bart, grabó la palabra en la pared de su celda antes de salir de la cárcel. Nunca más se lo vio ni se supo de él. Se encontró en el diario de Amelia Earhart después de su desaparición en 1937.

La última cama en la que durmió el escritor de terror Ambrose Bierce antes de desaparecer en México en 1913 tenía la palabra "croatoan" tallada en uno de los postes. En 1921, se escribió "Croatoan" en la última página del diario de navegación del barco Carroll A. Deering cuando se estrelló en el cabo Hatteras, cerca de la isla Croatoan. Al barco le faltaba toda su tripulación.

. . .

En 1607, el capitán John Smith trató de descubrir qué sucedió en Roanoke. Afirmó que el jefe Powhatan le dijo que mató a la gente de la colonia para tomar represalias contra ellos por vivir con otra tribu que se negó a aliarse con él. Supuestamente, Powhatan le mostró a Smith artículos que tomó de Roanoke para respaldar su historia, incluido un cañón de mosquete y un mortero de latón. En 1609, esta historia llegó a Inglaterra, y el Rey James y el Consejo Real culparon a Powhatan por la desaparición de los colonos.

Otra posible teoría es que los españoles asesinaron a los colonos. Inglaterra y España estaban en medio de una guerra cuando desapareció la gente de Roanoke. Cuando la Armada Española atacó Inglaterra en 1588, White estaba en Inglaterra tratando de organizar suministros y encontrar un camino de regreso a la colonia. Todos los barcos disponibles del país fueron confiscados para luchar contra los españoles, y la guerra con España retrasó el regreso de White a la colonia con suministros durante otros tres años.

En el momento de la desaparición de los colonos, había tropas españolas presentes en Florida. Uno de los temas por los que España e Inglaterra entraron en guerra fue la colonización de América. Existe la teoría de que las tropas españolas viajaron secretamente al norte y eliminaron la colonia inglesa. Los españoles eran conocidos por ser ofensivos contra otras potencias europeas que intentaban establecerse en América. Atacaron fuertes ubicados en Carolina del Sur y Florida a lo largo del siglo XVI. Sin embargo, un ataque español a la colonia de Roanoke es dudoso. Nunca se encontraron cuerpos, y los españoles todavía estaban buscando a Roanoke en 1600, diez años después de la desaparición de sus colonos. Además, las fortificaciones del asentamiento fueron desmanteladas cuando White regresó en 1590, lo que indica una evacuación, no un ataque violento.

También hay dos teorías sobre el canibalismo: o los habitantes de Roanoke fueron víctimas de los caníbales o tuvieron que recurrir a él para sobrevivir. Otras tribus nativas americanas eran hostiles a los forasteros y no se llevaban bien con los colonos ni con los croatas. Uno de estos grupos podría haber sido de caníbales. Nunca se encontraron cuerpos en el asentamiento, pero eso no significa nada, ya que los huesos podrían haber sido utilizados para curar remedios moliéndolos hasta convertirlos en polvo.

La gente de Roanoke podría haber sido eliminada gradualmente, o los caníbales podrían haberla secuestrado y eliminado de esa manera. El hecho de que no se hayan encontrado cadáveres suena como un esfuerzo que lleva mucho tiempo, pero White estuvo ausente durante tres años. Si los caníbales atacaban a los colonos, tenían tiempo más que suficiente para deshacerse de todos los cuerpos. No hay evidencia definitiva de que las tribus nativas americanas en el área fueran caníbales, por lo que esta es una teoría menos probable que la gente de Roanoke convirtiéndose en caníbales.

En 1609, en el asentamiento de Jonestown, Virginia, la colonia tuvo que recurrir al canibalismo para mantenerse con vida, así que es posible que la gente de Roanoke también tuviera que hacerlo. Los colonos podrían haber estado lo suficientemente hambrientos como para ver el canibalismo como una opción viable. Durante las investigaciones sobre la desaparición de los colonos, las tribus locales mencionaron que hubo conflictos internos en Roanoke antes de que todos desaparecieran. La gente pudo haber recurrido al canibalismo porque tenían hambre y se suicidaron. Una teoría extravagante, pero interesante de todos modos.

La enfermedad es otra teoría que tiene mucha base histórica para respaldarla.

Los colonos de Roanoke podrían haber encontrado una enfermedad del Nuevo Mundo contra la que no tenían inmunidad para combatir. La teoría dice que los colonos podrían haber contraído una plaga buena y pasada de moda que presentaba síntomas de delirio, paranoia o locura. Teniendo en cuenta los informes de las tribus nativas americanas en el área de la guerra interna en el asentamiento de Roanoke antes de que todos desaparecieran, esto parece una teoría viable.

. . .

Los sanos podrían haber querido deshacerse de los que estaban enfermos porque tenían miedo de enfermarse ellos mismos. Esto fácilmente podría haberse convertido en una situación violenta. Una vez que la enfermedad golpeó, la población sana podría haberse dividido en grupos más pequeños y dejar la colonia, dejando morir a los enfermos.

Incluso, hay otras dos teorías que involucran la brujería: los croatas o ejecutaron a los colonos como brujos, o los colonos fueron víctimas de brujas que viven en los bosques de Carolina del Norte. Los croatas creían en las brujas y la brujería. Su definición de brujas era gente que usaba magia negra para cometer actos malvados en la vida cotidiana.

Si bien no hay evidencia de que los croatoanos hayan ejecutado a las brujas, o que los croatoanos acusaran a la gente de Roanoke de brujería, eran conocidos por condenar a los forasteros peligrosos. Fácilmente podrían haber culpado a la gente de Roanoke de propagar enfermedades a las que los croatas no tenían inmunidad.

Los croatas y otras tribus nativas americanas cuentan leyendas de brujas que viven en los bosques de Carolina del Norte y que usaron magia negra para lastimar a otras personas. Hay una historia que dice que la gente de Roanoke se convirtió en víctima de estas brujas cuando dejaron la isla, y es por eso que nunca más se supo de ellas.

Por otro lado, ha habido muchas explicaciones sobrenaturales y religiosas que incorporan los sistemas de creencias de los nativos americanos. No existe una base científica para estas teorías, pero las poblaciones nativas americanas las toman muy en serio como explicaciones de lo que les sucedió a los colonos desaparecidos de Roanoke. Principalmente giran en torno a espíritus nativos americanos que ayudan a explicar no solo el comportamiento de los colonos antes de que desaparecieran, sino también por qué los colonos desaparecieron sin dejar rastro.

Los nativos americanos creen en un espíritu salvaje en forma de una bestia llamada wendigo. Cuando las personas recurren a comer carne humana, como en el caso del canibalismo, un wendigo se apodera de sus cuerpos. Si la gente de Roanoke recurrió al canibalismo, entonces, de acuerdo con esta creencia, todavía están vivos, deambulando por los bosques de Carolina del Norte, en forma de wendigos.

. . .

El sistema de creencias croata incluye un espíritu en la isla que tenía el poder de absorber a los humanos en el paisaje. Si el espíritu se ofendía o enojaba, convertiría a las personas en árboles, animales, piedras o cualquier otra parte de la tierra. Si los colonos estaban explotando los recursos o abusando de la tierra, podría haber enfurecido al espíritu. Esto significa que la gente de Roanoke no desapareció en absoluto; simplemente fueron absorbidos por la tierra.

Los croatoanos también creen en el demonio reptil de los bosques, un espíritu maligno que podría adherirse a las personas. Este espíritu volvía a la gente violenta, codiciosa y paranoica. Los croatoanos creían que el espíritu reptil había poseído a los colonos una vez que comenzaron a enfrentarse entre sí después de que White se fue a Inglaterra para recuperar más suministros.

De 1937 a 1940, se descubrieron una serie de piedras que supuestamente cuentan la historia de lo que les sucedió a los colonos de Roanoke. Se llaman las piedras de Dare porque aparentemente fueron escritas en su mayoría por la hija de John White, Eleanor Dare. La mayoría de los historiadores consideran que las piedras de Dare son un engaño, aunque muchos historiadores creen que la primera piedra es auténtica.

. . .

En 1937, un turista encontró una piedra con inscripciones y la llevó a la Universidad de Emory para que la examinaran en busca de autenticidad. El Dr. Haywood Pearce, profesor de historia estadounidense, no afirmó que la piedra fuera auténtica, pero no contradecía lo que se sabía en ese momento.

La inscripción estaba en consonancia con el fraseo de la época, y los colonos habrían tenido herramientas para tallar tal mensaje. Las inscripciones en la piedra decían que el marido y la hija de Leonor estaban muertos y le pedían a quien encontrara la piedra que se lo dijera a su padre. El otro lado de la piedra informó que solo siete de los colonos de Roanoke quedaron con vida y los nativos americanos asesinaron al resto. Estaba firmado EWD (Eleanor White Dare).

En 1940, se encontraron 47 piedras más, que datan de hasta 1599. Una piedra que data de 1592 afirma que los sobrevivientes de Roanoke están a salvo, viviendo con una tribu en el valle de Nacoochee en Georgia. Una fechada en 1598 afirma que Eleanor Dare se había casado con el jefe local. Otra piedra afirmó que había dado a luz a la hija del jefe y la tribu estaba enojada por eso, y Eleanor pidió que su padre trajera a la niña a Inglaterra con él. Una piedra de 1599 decía que Eleanor Dare había muerto y que tenía una hija llamada Agnes que la sobrevivió.

· · ·

Después de su descubrimiento, las piedras fueron examinadas por el Instituto Smithsonian y un historiador de la Universidad de Harvard, quien declaró que las piedras tenían cierto grado de autenticidad, pero en 1941, las piedras habían sido expuestas como falsificaciones. En 2015, un documental de *History Channel* detalló el estudio de las piedras por parte de arqueólogos que encontraron que la primera piedra era auténtica, pero las otras eran engaños, concluyendo que fueron creadas con un taladro.

A pesar de tantas teorías y explicaciones posibles, aún no existe respuesta concreta para lo que le sucedió a la colonia de Roanoke.

17

Mary Shotwell

El 14 de octubre de 1965, Mary Shotwell Little decidió ir de compras y cenar con una amiga. Debería haber sido una noche normal para la recién casada, que había contraído matrimonio con el examinador bancario Roy H. Little Jr. solo seis semanas antes en una lujosa ceremonia en la iglesia. Ese día de octubre, Roy estaba fuera de la ciudad, entrenando para convertirse en auditor.

Mary planeaba organizarle una fiesta sorpresa a su regreso al día siguiente. Esta fiesta no solo nunca sucedería, sino que Mary nunca volvería a ver a Roy; poco después de cenar con su amiga en el centro comercial Lenox Square en Atlanta, Georgia, Mary desapareció.

Mary, ex residente de Charlotte, Carolina del Norte, se mudó a Atlanta con Roy justo después de su boda. Mary encontró empleo como secretaria en *Citizens y Southern National Bank*. Después de terminar su turno el 14 de octubre, Mary condujo su nuevo Mercury Comet gris perla metálico hasta Lenox Square. Llevaba varias piezas de joyería; un impermeable London Fog blanco sobre un vestido de tubo verde oliva con flores blancas; anteojos y zapatos planos. Llevaba un juego de llaves y un bolso de John Romain.

Mary terminó de comprar y llevó cuatro bolsas de víveres al auto. Durante la cena con su compañera de trabajo, habló favorablemente sobre la vida matrimonial y parecía estar de buen humor. Aproximadamente a las 8:00 PM, las dos concluyeron su comida y Mary caminó por el estacionamiento hacia su auto.

A la mañana siguiente, Mary no se presentó a trabajar. El supervisor del banco interrogó a la compañera de trabajo con la que Mary cenó la noche anterior, quien le dijo a su jefe que el auto de Mary había estado estacionado en un estacionamiento cerca de Lenox Square, y que había visto a Mary regresar después de la cena.

La policía fue alertada y viajó al centro comercial, donde encontraron al Mercury Comet aún estacionado en el mismo lugar. Había una capa de polvo rojo en el exterior del coche y las cuatro bolsas de comida, botellas de Coca-

Cola y un paquete de cigarrillos Kent dentro del coche. Misteriosamente, también había un slip, bragas, una faja, un sostén y una media dentro del auto.

Con la excepción del sostén y la media, todo estaba cuidadosamente doblado y colocado en la consola entre los asientos delanteros de cubo. La media parecía tener un cuchillo que la atravesaba; se determinó que las bragas eran de Mary. Los asientos estaban manchados de sangre.

Debido a que el motor del automóvil estaba frío y faltaba la llave de encendido, la policía teorizó que podría haber sido conducido durante la noche, por no más de 40 millas. Un oficial de tránsito afirmó que el automóvil no había estado en el estacionamiento a las 6:00 a.m. de esa mañana.

Todos los oficiales de policía disponibles fueron puestos en el caso. Los bosques cercanos al centro comercial fueron objeto de una búsqueda exhaustiva.

Para el fin de semana, cientos de reservistas y ciudadanos del Ejército se unieron a la búsqueda, revisando áreas boscosas y arroyos dentro de las 20 millas de la escena. Se envió una flota de aviones de propiedad privada para sobrevolar Atlanta y buscar a la mujer desaparecida.

. . .

Cinco días después, un laboratorio de delitos del estado de Georgia emitió un informe de que la sangre encontrada en el automóvil era compatible con el tipo de sangre de Mary. Los investigadores interrogaron a los amigos de Mary, uno de los cuales reveló que Mary había expresado su temor de estar sola en casa y de estar sola en su automóvil varios días antes de desaparecer.

Además, las autoridades se enteraron de que Mary había recibido flores de un "admirador secreto" días antes del incidente.

Las flores se rastrearon hasta una floristería cerca de la casa de Mary, pero no se pudo identificar al comprador específico. Los compañeros de trabajo de Mary también informaron que le habían molestado las llamadas telefónicas que recibió en el trabajo, pero que no las comentaba con nadie.

Poco después, llegó la noticia del personal de una gasolinera de Charlotte, Carolina del Norte, que afirmaba poseer un recibo con la firma de Mary, con sello de tiempo pocas horas después de su desaparición. El superintendente detective de Atlanta, Clinton Chafin, se enteró de que la tarjeta de crédito de Mary había sido utilizada nuevamente en Raleigh, Carolina del Norte. El detective de homicidios de Atlanta, Jack Perry, interrogó al encargado de la gasolinera en Charlotte, quien le dijo que recordaba haber estado reparando un automóvil ocupado por un hombre y una mujer.

Más inquietantemente, el asistente informó que había visto a la mujer acostada en el asiento delantero, cubierta por una hoja de ruta, y que parecía tener una herida en la cabeza y sangre en la ropa. Después de llenar el tanque, el asistente entregó la tarjeta de crédito al hombre que conducía, quien luego se la entregó a la mujer que yacía en el asiento del pasajero. Ella firmó el recibo "*Sra. Roy H. Little*". Posteriormente, se rastreó la matrícula del automóvil hasta un automóvil robado del área de Charlotte, no el Mercury Comet de Mary.

A mediados de noviembre de 1965, un niño del condado de DeKalb, Georgia, descubrió una pista impactante que parecía estar relacionada con el caso.

Era una nota garabateada en la mitad inferior de una bolsa de depósito, que estaba dirigida a una sucursal del *Citizens and Southern National Bank*.

. . .

Un experto en caligrafía del Laboratorio Nacional del Crimen le dijo a la policía que la nota era prometedora. Junto con los recibos de gasolina y otras muestras de la letra de Mary, la nota se envió rápidamente al FBI en Washington para su análisis. Los resultados mostraron que la nota y el recibo realmente podrían haber sido escritos por Mary.

Mientras tanto, Roy Little salió al aire para suplicar el regreso de su esposa. *"Este es un llamamiento de los padres de Mary y yo para la persona que sostiene a Mary"*, dijo Roy, *"su bienestar, seguridad y regreso seguro son nuestra mayor preocupación. Haremos cualquier cosa, iremos a cualquier parte y te ayudaremos en todo lo que podamos. Repito, su regreso sano y salvo es lo único que nos importa"*.

Las autoridades continuaron siguiendo cada consejo, cada pista falsa y cada avistamiento posible. No encontraron más que callejones sin salida. Después de los recibos y la nota, el rastro se detuvo en seco. A pesar de los exhaustivos esfuerzos, nunca encontraron a Mary.

¿Quién secuestró a Mary Shotwell Little? ¿Era un amante secreto o un acosador? ¿Un vagabundo? A pesar de las tentadoras pistas y la gran cantidad de teorías, es probable que nunca sepamos qué le sucedió a la joven novia hace tantos años.

18

Ambrose Bierce

El escritor y crítico Ambrose Bierce fue un hombre enigmático. En la superficie, tenía un alto nivel de educación y un dominio increíble del idioma inglés. Fue un maestro narrador, desde entonces, su cuento *"An Occurrence at Owl Creek Bridge"* ha sido adaptado una y otra vez tanto para cine como para televisión. Bierce también era un poco morboso y, según la mayoría de los informes, estaba obsesionado con el concepto de la muerte. Cuando desapareció en 1914, y nunca más se lo volvió a ver, hizo que su vida y su legado fueran aún más misteriosos.

Ambrose Gwinnett Bierce nació en el condado de Meigs, Ohio, el 24 de junio de 1842.

En sus primeros años, Bierce fue un abolicionista que escribía para un periódico antiesclavista en Indiana. A los

17 años se matriculó en el Instituto Militar de Kentucky pero no completó sus estudios.

Su falta de escolaridad lo torturaba y estaba decidido a compensar educándose a sí mismo por todos los medios necesarios.

Se alistó en el ejército de la Unión tres veces durante la Guerra Civil y luchó en numerosas batallas, incluidas Shiloh, Chickamauga, Lookout Mountain, Missionary Ridge y Sherman March to the Sea. En el camino, ascendió al estado de oficial. Incluso esas aventuras no pudieron saciar la sed de Bierce por lo desconocido: después de unirse a una expedición militar que luchó hasta el Océano Pacífico, Bierce aterrizó en San Francisco y se quedó allí. Las personas con las que pasaba más tiempo eran delincuentes y prostitutas.

Para entonces, Bierce se había convertido en un hombre alto y apuesto, de tez clara, ojos azules y un espeso bigote.

Las mujeres se sintieron atraídas inmediatamente por él.

. . .

A pesar de su buen aspecto, Bierce tenía gustos atípicos: según él mismo, había tenido su primera amante, una mujer de 70 años, a los 15 años.

Bierce finalmente se casó y tuvo tres hijos. A medida que su reputación como escritor crecía en San Francisco, desarrolló un gran número de seguidores leales. Su ficción estaba plagada de historias de muerte y lo sobrenatural, y su fascinación por los aspectos inquietantes de la vida influyó mucho en sus fans.

Dos compañeros escritores que admiraban a Bierce encontraron finales particularmente violentos: el autor George Serling se suicidó y el escritor Herman Scheffauer mató a su esposa y luego a sí mismo. Que Serling y Scheffauer idolatraban a Bierce era bien conocido, y no hizo más que aumentar el oscuro atractivo de Bierce. Su atracción por la muerte lo volvió supersticioso. Después de la muerte de su esposa Mollie y sus dos hijos, Day y Leigh, Bierce prohibió la colocación de lápidas en sus tumbas.

Después de unirse al imperio de las noticias de William Randolph Hearst, el trabajo de Bierce apareció en el *New York Journal*, el *New York American*, el *San Francisco Chronicle* y el Cosmopolitan. Se convirtió en un nombre familiar por sus historias aterradoras y macabras.

Estaba cautivado por las desapariciones y una vez

mencionó en broma la posibilidad de su propia desaparición.

En enero de 1914 partió hacia México. Nunca volvería. El año anterior, Bierce había decidido recorrer los viejos campos de batalla de la Guerra Civil y viajar a México y Sudamérica. Esta, pensó, sería su última excursión antes de que la muerte se lo llevara. En las cartas que escribió antes del viaje, Bierce prácticamente había escrito su propia desaparición. Pasaría por México hasta uno de los puertos del Pacífico y luego navegaría hacia Sudamérica. Desde allí, viajaría a través de la Cordillera de los Andes, y quizás a través del continente.

Bierce afirmó que debido a que estaría visitando estos "países extraños en los que suceden cosas", no esperaba regresar. En ese momento, México estaba sumido en el caos debido a la revolución y a Bierce le preocupaba que uno de los hombres de Pancho Villa le disparara. Incluso se refirió a su viaje como Jornada de Muerte (un viaje de muerte).

El 2 de octubre de 1913, Bierce salió de su casa para ver los campos de batalla, viajando a Nueva Orleans y luego a Texas. Desde El Paso, cruzó la frontera hacia Juárez. Sorprendentemente, Bierce se encontró con Pancho Villa, quien recientemente había liberado el área de Victoriano

Huerta. Villa emitió credenciales a Bierce que le permitieron viajar con el ejército de Villa. A pesar de tener frecuentes ataques de asma, Bierce cabalgaba junto a los hombres a caballo. El 26 de diciembre de 1913 le escribió una carta a su amiga Blanche Partington desde Chihuahua, México.

"En cuanto a mí, mañana salgo de aquí hacia un destino desconocido", escribió en las últimas líneas. Esa fue la última vez que alguien escuchó de Ambrose Bierce.

Las teorías sobre su desaparición comenzaron a circular.

Una teoría popular sugiere que Bierce fue asesinado durante el sitio de Ojinaga el 11 de enero de 1914, es posible que se haya informado de su muerte en los despachos del ejército mexicano con el nombre de "A. Atravesar. " Otra teoría tiene a Bierce discutiendo con Pancho Villa y potencialmente amenazando con ayudar al enemigo, después de lo cual Villa ordenó a su verdugo personal, Rudolfo Fierro, que matara a Bierce.

Una tercera explicación dice que Bierce estaba tratando de lanzar ametralladoras al enemigo, y posteriormente fue asesinado por la mano derecha de Villa, el general Tomás Urbina. Y, finalmente, algunos dicen que Bierce simplemente se derrumbó bajo la tensión de la batalla y murió expuesto al polvo mexicano.

Ninguna de las afirmaciones pudo validarse. Después de que pasaron años sin ningún cierre real, comenzaron a surgir relatos más salvajes sobre la desaparición y muerte de Bierce.

Un ciudadano de El Paso afirmó que Bierce fue envenenado o se había envenenado a sí mismo, y fue enterrado en un patio trasero al azar. Los amigos de Bierce en Washington insistieron en que había ido al saliente más alto del Gran Cañón para volar sus sesos. La teoría más increíble era que Bierce se había alejado del ejército de Villa y se había perdido en el sur de México. Luego fue supuestamente capturado por nativos, quienes lo hirvieron vivo, encogieron sus restos, los metieron en una botella y lo adoraron.

Hasta el día de hoy, nunca ha habido una explicación real para la desaparición de Ambrose Bierce.

Su muerte rinde el homenaje perfecto a su existencia sombría; uno puede imaginar que no lo querría de otra manera.

19

Owen Parfitt

En un momento estaba allí, al siguiente, se había ido. Principios del siglo XVIII. La familia Parfitt. Todos vivían en Shepton Mallet, una pequeña ciudad en el oeste de Inglaterra. Poco se sabe de la familia, vivían en la pobreza y muchos de los niños morían jóvenes. Los únicos dos supervivientes fueron Owen y Mary, unos 15 años mayores. Sin embargo, la tragedia nunca se alejó mucho de esta familia.

Owen fue aprendiz de sastre por su padre, pero Owen odiaba cada segundo de su vida. Sin embargo, un día sucedió algo extraño: Owen nunca se presentó a trabajar. Había desaparecido sin dejar rastro. Los rumores abundaban, pero con el tiempo, todos olvidaron que Owen existió... todos excepto Mary.

. . .

Mary nunca perdió la esperanza de que Owen regresara. El rumor que escuchó fue que él había abandonado su vida, lo cual no le pareció extraño, ya que pensaba que Owen se había convertido en soldado. Pero, ¿por qué se había ido? ¿Por qué no se lo contó a su hermana? Sus padres estaban muertos. Owen y Mary solo se tenían el uno al otro. Y Mary amaba a su hermano pequeño. Esto simplemente no tenía sentido.

¿Qué le había pasado a Owen? ¿Y por qué Mary era la única persona en Shepton Mallet que lo recordaba? Ella se sentía enojada. Todo hasta que un día, muchos, muchos años después, apareció de repente el hombre que el mundo olvidó. Owen había vuelto. Pero, ¿qué había pasado?

Este no era el mismo hombre que se había ido. Estaba encorvado, marchito por la apariencia y lisiado por el reumatismo y las heridas inexplicables. Nadie lo reconoció. Excepto María. Era Owen, había regresado pero nunca habló de dónde había estado o qué le había sucedido. Incluso la guerra no podía cambiar a un hombre como lo había sido Owen. A Mary no le importaba semejante cambio. Quería cuidar a su pobre hermano y poco más.

. . .

Juntos, encontraron una casa y Owen decidió convertirse en un sastre. Sin embargo, la vida era dura. En el siglo XVIII las casas no se diseñaban para dar cabida a personas con diversas necesidades médicas como las de Owen. María quería que su hermano pudiera tener la mejor vida posible y para eso, los dos se trasladaron a una casa más pequeña, donde la calle principal se encontraba con el extremo del jardín.

Fue ahí donde Owen pudo recuperarse y practicar su oficio. El pueblo se acordó de él lentamente, incluso se convirtió en buen amigo de muchos de sus vecinos, que entretenían a Owen con las últimas noticias en Shepton Mallet. Es decir, era Shepton Mallet, así que nunca hubo un montón ocurriendo allí, pero Owen apreciaba el cuidado y el amor que recibió.

Sin embargo, Owen se fue debilitando cada vez más a medida que pasaba el tiempo; a finales de los 60 ya casi no podía moverse, y mucho menos estar de pie. Lo peor estaba por venir. Mary tenía 80 años y ella también se había vuelto frágil. Owen se preocupaba por su hermana, más de lo que ella se preocupaba por él. Sabía que llegaría el día en que la perdería y nunca quiso que eso sucediera.

. . .

Pero todo lo que podía hacer era observar cómo llegaba cada nuevo día y su hermana se debilitaba cada vez más.

No tenía idea de cómo podría vivir sin ella. Pero Mary era un alma resistente.

Ella nunca se rindió. Y estaba decidida a ayudar a su hermano. De inmediato, contrató a una joven llamada Susannah Snook que vivía cerca. Incluso en su frágil estado, Mary y Susannah, llevaban a Owen todas las mañanas a su silla favorita con vistas a los verdes pastos más allá de la calle principal para poder deleitarse dentro de casa, o, si hacía buen tiempo, lo llevaban afuera para estar entre la naturaleza que amaba. Y mientras él estaba afuera con la manta sobre las rodillas, Susannah y Mary limpiaban su habitación y la casa. Mary adoraba a Owen. Lo amaba más de lo que uno podría imaginar.

Su amor por su hermano fue tal que Mary continuó cargándolo, con Susannah, y limpiando su habitación, incluso a su avanzada edad. Pero una tarde de junio de 1768 lo cambió todo. Owen tomó su posición habitual en el jardín. Mary lo besó en la cabeza y Owen tomó su mano en agradecimiento. Fue la última vez que Mary vio a su hermano.

. . .

Desapariciones Misteriosas

Una vez más, desapareció...

Nadie vio a Owen ese día, a pesar de que la calle principal estaba al final del jardín. Era verano y los campos de Shepton Mallet estaban llenos de decenas y decenas de personas. Pero al otro lado de la calle principal, pasaron muchos carros y caballos, ya que era la época más concurrida del año. Era tiempo más que suficiente para que le sucediera algo a Owen y nadie se diera cuenta. Que es exactamente lo que pasó.

Susannah se había ido a casa, a solo 50 metros de distancia, pero esa misma tarde, le llegó la noticia de que Owen había vuelto a desaparecer. Corrió a la cabaña y allí encontró a Mary, derrumbada en el suelo sobre un montón de tierra, llorando incontrolablemente. Ella estaba histérica, gritando y murmurando lamentos, su corazón completamente roto. Estaba abatida, sospechando lo peor, que algo terrible debía haberle sucedido al hermano que tanto amaba.

Mary se había quedado impresionada por el silencio en la cabaña. Owen no era un individuo silencioso. "Owen, ¿estás ahí?" ella gritó. Sin respuesta. "¡Owen!" una vez más, pero sin respuesta. Salió y encontró la silla de Owen y en la silla de Owen... nadie.

Estaba vacío. Todos, excepto la manta, estaban al

lado. Susannah preguntó a Mary si había escuchado algo, pero ella no escuchó ruido en absoluto.

La silla no se había movido. No había señales de lucha y no había huellas de pies en la hierba. Mary hizo sonar la alarma y de inmediato, muchas docenas de aldeanos emprendieron la búsqueda. Se registró todo el pueblo, así como todo el campo circundante. Los aldeanos conocían todos los lugares donde alguien podía esconderse, pero no había ni rastro de Owen.

En la semana siguiente, se drenaron estanques y pozos, se examinó cada zanja, se registró minuciosamente cada letrina y edificio. Fue desconcertante. Fue el mayor misterio del día. Owen no podía haberse levantado solo.

E incluso si alguien lo hubiera llevado, había literalmente cientos de personas y carros que pasaban, pero nadie lo había visto. Incluso si hubiera podido caminar, nunca podría haber huido de la aldea, con la búsqueda en marcha a la hora de su desaparición. Muchos sospecharon que había sucedido algo terrible.

Pero, ¿por qué querría alguien hacerle daño a un anciano indefenso? La búsqueda fue exhaustiva, pero nunca se encontró nada. Y Mary, que ya tenía casi 90 años, se quedó sola y completamente destrozada. Los aldeanos amaban a Owen, supuestamente. Incluso en tormentas de lluvia con poderosos relámpagos en lo alto, buscaron y siguieron buscando, semana tras semana, pero nunca encontraron a Owen. María murió sola y sin respuestas.

La policía no hizo nada. No hubo investigación de ningún tipo. Así pasaron 50 años.

Había pasado medio siglo desde la misteriosa desaparición de Owen. Un día, un grupo de caballeros mayores entró en Shepton Mallet haciendo preguntas sobre Owen. Habían escuchado la historia, la habían leído en todos los periódicos nacionales y estaban ansiosos por saber más. ¿Quiénes eran estos hombres? Nunca sabremos.

Los caballeros interrogaron a todos los residentes ancianos de Shepton Mallet que sospechaban que podrían haber tenido la edad suficiente para recordar la historia.

Pero descubrieron que no se habían tomado notas en el momento de la desaparición de Owen, por lo que nunca se registraron los testimonios de los testigos presenciales.

Y para los caballeros, un testigo ocular resultó sumamente fructífero. Susannah Snook todavía estaba viva.

Lo que les contó a los caballeros coincidió con otros informes de testigos presenciales sobre el espantoso año en que Owen Parfitt desapareció. Owen era real. Algunos hombres mayores del pueblo guardaban recortes de periódicos y tenían ropa que Owen había hecho, lo que demostraba que Owen existía. Un hombre describió a Owen como ni muy bueno ni muy malo, pero a veces se decía que tenía un temperamento muy violento.

Los aldeanos no fueron de mucha ayuda. La creencia aceptada en ese momento era que Owen se había dejado llevar por los demonios. Sin embargo, un aldeano contradijo la evidencia de Susannah. Les dijo a los caballeros que Mary había escuchado un 'ruido fuerte' y cuando bajó las escaleras, Owen se había ido y la silla fue derribada. Sin embargo, a este hombre solo se le había dicho esto, información de segunda mano, y cuando se le presionó, Susannah lo negó y afirmó que no había ruido y que la silla no estaba desplazada. ¿Por qué mentiría ella?

A menos, por supuesto, que hubiera algo que ocultar... Si el culpable fue el juego sucio, como algunas personas habían sugerido, ¿cuál podría ser la causa? Como ocurre con el juego sucio, ¿quizás el dinero fue el culpable? ¿Owen fue secuestrado o incluso asesinado por algún tipo de propósito monetario? Owen tenía poco dinero a su nombre, su pensión consistía de solo alrededor de £7 al año o alrededor de £1,000 en dinero de hoy.

Otro testigo afirmó que ni siquiera tenía eso y que para cuando se volvió frágil y viejo, todo su dinero se había ido. E incluso si tuviera dinero, ¿por qué lo habría tenido en el porche de su silla? No llevaba nada encima, excepto la ropa que llevaba puesta e incluso era ropa de dormir para la cama, "sin bolsillos", señaló Susannah.

Hubo una explicación más siniestra en conjunto. ¿Owen estaba mintiendo? ¿Estaba realmente discapacitado? ¿O podría caminar después de todo? Los caballeros enviaron las pruebas de su investigación a un hombre llamado Dr. Butler., quien les contestó:

Tenga mucho cuidado, señores, para descubrir si se acercó a su silla el día de su desaparición, o si era capaz de caminar unos pocos metros; porque parece haber habido un rumor de que una persona de su descripción fue vista vagando esa noche cerca de Frome a 10 o 12 millas de distancia.

¿Otra pista, quizás? Pero cuando los caballeros fueron a interrogar a los testigos presenciales, el hombre que vieron 50 años antes no coincidía con la descripción de

Owen después de todo. Además, ¿cómo podría haber viajado tan lejos o incluso haber dejado el pueblo a plena luz del día sin que nadie lo viera? El Dr. Butler y el rastro de los caballeros se enfriaron y simplemente se rindieron. No tenían más ideas sobre lo que le había sucedido a Owen. ¿Su mejor teoría? Asesinato.

Pero si el dinero no era un incentivo para matar, ¿por qué alguien mataría a Owen? Algunos aldeanos afirmaron que Owen podía ser "muy violento". Si bien nunca sabremos realmente qué le sucedió a Owen, muchos han especulado desde entonces que pudo haber tenido una discusión con otro aldeano que aprovechó la ventana de 10 minutos para estrangular a Owen hasta la muerte, escondido de los ojos deslumbrantes por los carros y carruajes a lo largo de la calle principal.

Así, su asesino escondió su cuerpo en un carro o un carruaje y escapó a plena luz del día sin que nadie se enterara, despejando cualquier evidencia de juego sucio.

Es una teoría inverosímil, ¿cómo podría NADIE haber visto esto?
    Pero el asesinato sigue siendo la teoría más tentadora.

. . .

Quizás la gente simplemente estaba demasiado ocupada con la temporada de producción de heno para notar que un hombre moría frente a sus propios ojos. La evidencia simplemente no está ahí para probar esta teoría de una forma u otra, pero si Owen fuera tan frágil como Mary y Susannah dijeron que era, entonces no habría podido defenderse. Sin embargo, ¿qué pudo haber hecho para merecer un final tan brutal?

Muchos simplemente se niegan a creer que alguien podría haber movido un cuerpo tan rápido e inadvertido y, de hecho, parece poco probable. Pero, quizás Susannah estaba involucrada en el asesinato y por eso negó el haber escuchado algún ruido. Tal vez ella estuvo involucrada y proporcionó el tiempo necesario para matar y un espacio para que el cuerpo se escondiera en el único lugar donde nadie miró durante la búsqueda: la cabaña de Owen. No se registró en absoluto. Y luego, al amparo de la oscuridad, se llevaron el cuerpo mientras todos dormían.

Owen Parfitt era real. Hay evidencia que lo prueba.

Su enfermedad no estaba bien documentada, pero se sabe que no podía moverse y una teoría prontamente descartada fue la de su relación con demonios. Pero, ¿qué pudo haber sido? ¿Qué le pasó a Owen?

. . .

Un día, a finales del 1700, un hombre discapacitado que no podía permanecer de pie desapareció sin dejar rastro. Su historia más tarde capturó la imaginación de Sir Arthur Conan Doyle, quien amaba el misterio y usó historias como esta para inspirar sus historias de Sherlock Holmes. No hubo evidencia de lo que le sucedió a Owen y no se documentó nada, lo que significa que solo tenemos el testimonio de Susannah sobre lo que sucedió ese día y lo que Mary le dijo.

¿Mary escuchó un ruido? Susannah dijo que no. Pero si Owen fuera asesinado, haría falta alguien de adentro, como Susannah, para salirse con la suya. ¿Pero por qué? ¿Qué tenía que ganar Susannah? Ella no lo mató, pero tal vez alguien a quien ella conocía lo hizo. Quizás estaban juntos en eso.

¿Quizás Owen molestó al hombre equivocado y Susannah era su pareja o pariente cercana? ¿O tal vez creyeron erróneamente que había algo que ganar, algo de valor monetario? O tal vez fue puro despecho.

Quizás Susannah tramó un plan diabólico para vengarse de Mary. El asesinato no tiene sentido ni lógica. Tal vez fue una simple discusión con la persona equivocada lo que mató a Owen.

. . .

Cualquiera que sea la verdad, fue un misterio que se apoderó de Gran Bretaña. Apareció en todas las portadas de todos los periódicos importantes. La historia de cómo un hombre desapareció dos veces y al final nunca regresó.

Solo se puede esperar que Mary encontrara algo de consuelo en sus últimos días. Y que, tal vez, algún día, descubramos la espantosa verdad de este misterio de 250 años.

20

Bruce Campbell

Pueden suceder cosas extrañas en cualquier lugar, incluido Jacksonville, Illinois, el hogar de *American Hauntings Ink*. En abril de 1959, una de las desapariciones más misteriosas del siglo XX estadounidense tuvo lugar cuando un hombre llamado Bruce Nelson Campbell salió a trompicones de su habitación de motel en Jacksonville una noche, vestido solo con un pijama verde, y nunca más fue visto. Lo que le sucedió al corredor de bolsa de Nueva Inglaterra nunca se ha determinado: simplemente desapareció sin dejar rastro.

Ese abril, Bruce Campbell, de 57 años, y su esposa, Mabelita, condujeron a Illinois desde Northampton, Massachusetts. El motivo de su visita estaba destinado a ser feliz.

. . .

Habían viajado para ver a su primer nieto recién nacido, hijo de Bruce, Jr., quien era profesor asistente de química en MacMurray College, en Jacksonville.

Por alguna razón, el largo viaje a Illinois fue especialmente difícil para Campbell, y comenzó a sentirse mal mientras estaba en el auto. El asesor de inversiones en acciones se sintió confundido y desorientado, y cuando llegaron a Jacksonville, la Sra. Campbell los registró en el Sandman Motel, un pequeño establecimiento familiar que era típico de las cabañas de motor de la época.

Estaba ubicado en el lado noroeste de la ciudad, en Walnut Street, donde ahora se encuentra la tienda de Casey. Cada habitación tenía una puerta que se abría al exterior y el estacionamiento estaba ubicado justo afuera de la habitación de los huéspedes.

Campbell fue acostado inmediatamente después de registrarse en el motel. Bruce, Jr. dispuso que el Dr. EC Bone, un médico local, visitara a su padre. El Dr. Bone le dio un medicamento para ayudarlo a dormir, pero no pareció funcionar. Pasaron dos días antes de que Campbell pareciera mostrar algunos signos de mejora.

En la noche del 14 de abril, Campbell visitó a su familia.

. . .

Bruce Jr. recordó más tarde que su padre era "racional pero aún desorientado" durante su última visita con él.

Dos veces, más tarde esa noche, la Sra. Campbell dijo que su esposo le preguntó si su camioneta, que estaba estacionada afuera de su habitación en el estacionamiento del motel, estaba cerrada con llave. Ella le dijo que sí, poco antes de irse a dormir.

Más tarde se despertó a las 2:15 am y vio que la otra cama doble de la habitación estaba vacía: su esposo se había ido. Inmediatamente se levantó de la cama para buscarlo, y cuando se dio cuenta de que no estaba en el baño, corrió hacia la puerta de la habitación, que estaba abierta. No había señales de él en el estacionamiento y el recepcionista de turno dijo que no había visto a nadie pasar por la oficina. El auto de los Campbell todavía estaba en el estacionamiento. Las puertas estaban cerradas y no había signos de que se hubiese intentado abrir.

Debido a la debilidad y desorientación de su esposo, la Sra. Campbell rápidamente llamó a la policía.

Cuando los oficiales llegaron al motel, ella ofreció una descripción del hombre alto y calvo con una leve cojera y explicó que cuando salió de la habitación del motel, solo vestía un pijama verde brillante, un reloj de pulsera y un anillo con el escudo de la fraternidad Delta Upsilon. Su billetera con todo su dinero, sus zapatos, sus anteojos y las llaves de su auto todavía estaban en la habitación del motel.

Los agentes de policía registraron los alrededores, las calles oscuras y el centro de Jacksonville, pero no había señales de Campbell. A la mañana siguiente, se envió una solicitud de información. Las teorías de asesinato, suicidio y amnesia llevaron a los buscadores a arroyos, edificios agrícolas y pozos locales. El jefe de policía de Jacksonville, Ike Flynn, y el capitán Charles Runkel, inspeccionaron toda el área, tanto en un avión de ala fija como luego en helicóptero. No encontraron nada.

Al día siguiente, los bomberos locales se unieron a la búsqueda, usando un bote para dragar Mauvaisterre Creek. Cerca de 150 estudiantes de MacMurray College también se unieron a la búsqueda. En el tercer día, toda la población masculina de 235 miembros de MacMurray - estudiantes y personal - se unió a 50 estudiantes de Jacksonville High School para ayudar a peinar el área.

El Jacksonville Courier informó que el enorme equipo de búsqueda de voluntarios, dividido en grupos más pequeños, cubría un radio de seis millas alrededor de Jacksonville, incluidos arroyos y estanques. Se asumió que, dado que no hubo informes de un hombre descalzo en pijama verde caminando por la ciudad, y, dado que Sandman estaba en el lado norte, Campbell debe haber viajado hacia el norte hacia campos agrícolas recientemente plantados.

Desafortunadamente, esta suposición resultó ser demasiado optimista. A pesar de la búsqueda, no se encontró rastro de Campbell. Docenas de informes de autostopistas altos de los alrededores, incluidos White Hall, Murrayville, Woodson, New Berlin y Alexander, mantuvieron ocupada a la policía durante días, pero las pistas no llegaron a ninguna parte.

El jefe de policía Flynn dijo al periódico: "Hemos mirado todos los lugares que se han sugerido y se nos han acabado las ideas sobre qué hacer a continuación. Un adivino nos dijo que Campbell estaba a siete millas de Jacksonville, al noreste o al noroeste de la ciudad. Incluso hemos mirado allí".

Sin embargo, quienquiera que fuera este psíquico, podría haber estado en lo correcto. El periódico informó que la última pista sólida, prácticamente la única pista sólida, llegó cuando la policía llevaba aproximadamente una semana de búsqueda. Un agricultor que vivía a varias millas al noroeste de la ciudad dijo a los investigadores que lo habían despertado gritando en su propiedad o cerca de ella la noche en que Campbell desapareció. La policía revisó el área, pero no se encontró nada. El jefe Flynn le dijo al Courier que el caso era "uno de los misterios más desconcertantes que ha ocurrido aquí".

La búsqueda de Bruce Nelson Campbell, el "hombre del pijama verde", continuó durante días y semanas y luego se prolongó durante años. Mabelita Campbell se había ido a casa a regañadientes después de dos semanas de búsqueda infructuosa. Pero la familia se negó a perder la esperanza de que lo encontraran con vida hasta 1967, cuando finalmente fue declarado legalmente muerto. La Sra. Campbell falleció en 2004, sin saber nunca qué había sido de su esposo.

Después de varios meses de búsqueda exhaustiva por parte de la policía de Jacksonville, el FBI inició su propia investigación sobre el caso.

En el primer aniversario de la desaparición de Campbell, se reveló que la angustiada familia Campbell había gastado casi todos sus ahorros en investigadores privados que distribuyeron la foto y la descripción del Sr. Campbell a los departamentos de policía de todo el país.

. . .

También ofrecieron una recompensa de $5,000 por información, que nadie nunca recopiló. Desafortunadamente, esto fue lo único que el FBI supo sobre la desaparición. Al igual que los investigadores privados que trabajaron en el caso, los agentes federales no encontraron rastro de Campbell.

El caso del "hombre del pijama verde" resultó ser el último caso significativo de la carrera del jefe de policía Ike Flynn. Apenas unas semanas después de la desaparición, Flynn se retiró y Charles Runkel fue ascendido para sucederlo. Runkel recordó más tarde que, a pesar de que estaba fuera de servicio, Flynn nunca abandonó el caso.

Murió de cáncer varios meses después de jubilarse, perseguido hasta la tumba por el hombre desaparecido. Hasta el final de su vida, nunca dejó de registrarse en el departamento para ver si había surgido alguna pista nueva. No lo había hecho, e incluso hoy, el caso sigue sin resolverse.

¿Qué fue de Campbell? Nadie sabe. Simplemente se alejó por las oscuras calles nocturnas de Jacksonville y nunca más se supo de él.

21

Jodi Huisentruit

UNA GENERACIÓN entera en el medio oeste superior ha estado esperando con inquietud una respuesta al paradero de Jodi Huisentruit desde 1995. Huisentruit era presentadora de noticias de KIMT-TV cuando desapareció del estacionamiento de su complejo de apartamentos en Mason City, Iowa, el martes 27 de junio de 1995.

Las fuerzas del orden están seguras de que fue secuestrada por la fuerza en los pocos segundos que le habría llevado a Jodi salir de su apartamento y abrir la puerta de su automóvil después de que un compañero de trabajo la llamara desde la estación de televisión a las 4:10 a.m., ya que Jodi llegaría una hora tarde al trabajo.

. . .

La policía encontró algunas de las pertenencias de Jodi esparcidas por el estacionamiento junto a su auto: dos aretes, dos zapatos, un secador de cabello y la llave de su auto (que estaba doblada por la lucha) entre otros artículos del bolso de Jodi.

Cualquier otra evidencia física es escasa. La policía encontró una huella parcial de una palma de mano en el auto de Jodi. Se ha revelado en los años transcurridos desde que la policía también recuperó un cabello de la escena (no sabemos con precisión de dónde). No se encontró evidencia de sangre en el lugar.

Los relatos de testigos útiles también son escasos. Un hombre informó a la policía que había visto una camioneta inactiva con las luces traseras encendidas en el mismo estacionamiento aproximadamente a la misma hora. Algunos en el complejo de apartamentos dijeron más tarde que habían escuchado gritos. Nadie llamó a la policía.

Si bien Jodi vivía sola y no se sabía que hubiera tenido invitados la noche anterior, la policía encontró que el asiento del inodoro dentro de su apartamento estaba levantado.

. . .

Nunca se han realizado arrestos en el caso y ningún sospechoso ha sido vinculado a través de pruebas físicas, aunque la policía ha examinado algunas.

Tony Jackson actualmente está cumpliendo condena en una prisión de Minnesota por cometer una ola de violaciones violentas en el área de Twin Cities. Jackson vivía muy cerca de la estación de televisión en Mason City cuando Jodi desapareció. Jackson confesó su participación en la desaparición de Jodi a un compañero de celda, pero las autoridades hasta ahora no han podido confirmar sus afirmaciones.

Un comerciante de semillas agrícolas local, John Vansice, se convirtió rápidamente en el principal sospechoso. Vansice conoció a Jodi mientras eran vecinos en el mismo complejo de apartamentos. Se hicieron buenos amigos el año anterior a su desaparición.

A pesar de ser varios años mayor que Jodi, estaba claro para todos los que conocían a ambos que Vansice estaba enamorado de ella. Vansice nombró a su lancha motora en honor a Jodi, en la que convivieron los dos, junto con un amigo de Jodi y el hijo de Vansice, solo unos días antes de que ella desapareciera.

. . .

Vansice se acercó a la policía y a los medios de comunicación la mañana en que Jodi desapareció alegando ser la última persona que la vio con vida. Dijo que Jodi había estado en su apartamento hasta las 9:00 p.m. de la noche anterior mientras los dos veían un video que Vansice había hecho de una fiesta de cumpleaños que había organizado recientemente para Jodi.

Se han propuesto muchas otras teorías para explicar la desaparición de Jodi Huisentruit, pero hasta el momento, ninguna de ellas ha cerrado el caso. El caso de Jodi se ha mantenido vivo en un sitio web sin fines de lucro, *FindJodi.com*, dirigido por un grupo de voluntarios. Son periodistas, investigadores privados y agentes de la ley jubilados que descubrieron que la desaparición de Jodi se había convertido en parte de su ADN profesional en algún momento de sus respectivas carreras.

Ella nunca había dejado a ninguno de ellos y por eso, en 2010, decidieron que tampoco la dejarían nunca.

Formaron el sitio web que se ha convertido en la cámara de compensación de todo lo relacionado con la desaparición de Jodi.

. . .

El equipo de FindJodi.com incluso apareció en los titulares después de informar sobre una orden de registro ejecutada por el Departamento de Policía de Mason City en 2017 en busca de datos de GPS de dos vehículos que se cree que están conectados a John Vansice.

La mayoría se siente alentada por la acción reciente en el caso, aunque algunos se preguntan cuánto podría haber aprendido el MCPD de los datos del GPS. Otros leen la orden de registro como una señal extremadamente positiva, asumiendo que la policía pudo haber buscado la orden de arresto basándose en alguna otra información específica aún no revelada.

Los casos fríos se cierran a un ritmo más frecuente que nunca. Probablemente somos solo unos de tantos que esperan que el caso de Jodi algún día sea otro de los resueltos. Si su asesino fuera contemporáneo de Jodi, hoy tendría entre 45 y 55 años. Probablemente tendría conexiones en Iowa o Minnesota, incluyendo alguna propiedad familiar (posiblemente tierras agrícolas). Puede que el culpable llegue a comportarse de forma extraña en torno al aniversario de la desaparición de Jodi.

22

Bonnie Bickwit y Mitchel Weiser

Se suponía que iba a ser una infracción divertida, romántica y, en última instancia, perdonable de las reglas en Camp Wel-Met, una popular escapada de verano para niños en el norte del estado de Nueva York. El 27 de julio de 1973, Bonita Mara "Bonnie" Bickwit, de 15 años, que trabajaba en Wel-Met, se escapó del campamento con su novio de 16 años, Mitchel Fred Weiser.

Durante el año escolar, los dos estudiantes de honor asistieron a la prestigiosa John Dewey High, una academia alternativa en Brooklyn para estudiantes intelectualmente dotados. Su romance era lo suficientemente serio, en términos de adolescencia, que a principios de verano, según los informes, Bonnie y Mitchel habían intercambiado anillos de boda.

. . .

El día que partieron, Mitchel hizo el viaje a Wel-Met para reunirse con Bonnie. A partir de ahí, tenían un plan. Los adolescentes tenían la intención de hacer autostop 156 millas para asistir a Summer Jam, un festival de música al aire libre masivo con los Allman Brothers y Grateful Dead en Watkins Glen, Nueva York.

Bonnie y Mitchel se fueron cargando mochilas, sacos de dormir y aproximadamente $25 entre ellos. Un camionero recogió a la pareja y los llevó en parte del camino antes de dejarlos en la Ruta 97.

A partir de ahí, nadie sabe si Bonnie y Mitchel alguna vez llegaron al concierto. De hecho, nadie sabe nada de lo que les sucedió, nadie ha visto ni escuchado de Bonnie o Mitchel desde entonces.

Tanto Bonnie como Mitchel provenían de familias fuertes y amorosas que estaban profundamente conectadas en las comunidades judías de Borough Park y Midwood en Brooklyn. Las becas universitarias parecían acechar ante ellos, seguidas de su elección de carreras. Ninguno de los dos se había metido nunca en problemas con las drogas.

Los amigos con los que se habían puesto en contacto justo antes de la desaparición dicen que no notaron nada malo.

. . .

Aun así, siendo la adolescencia lo que es, surgieron algunos problemas. Bonnie supuestamente tuvo una pelea con sus empleadores ese verano y anunció que renunciaría. También lloraba regularmente por su padre enfermo y discapacitado en casa. Además, estaba previsto que Mitchel se graduara a principios de enero, pero expresó su frustración porque esto no le permitiría asistir a la universidad de su elección. Sin embargo, como sus familias han señalado durante mucho tiempo, estos son problemas normales de los adolescentes.

Para complicar el misterio, la policía local echó a perder la investigación, perdiendo archivos cruciales, entre los cuales se encontraba el único conjunto de registros dentales de cada adolescente. Como resultado, no se produjo ningún progreso real hacia una respuesta durante más de un cuarto de siglo.

En el 2000, los compañeros de clase de Bonnie y Mitchel plantaron un árbol y erigieron una placa conmemorativa en su honor en John Dewey High School. La atención de los medios llevó al gobernador Elliot Spitzer a reabrir la investigación y el caso obtuvo cobertura televisiva.

En el transcurso de un programa de televisión que trabajaba en el caso, surgió una nueva pista posible.

. . .

Alan Smith, residente de Rhode Island, afirmó que había estado haciendo autostop de regreso del Summer Jam Festival cuando lo recogió un autobús Volkswagen con matrícula de Pensilvania. Bonnie y Mitchel, dijo, estaban entre los pasajeros del vehículo, junto con un conductor cuyo nombre no recordaba.

Smith declaró además que los viajeros se detuvieron en un momento para refrescarse en un río. Dijo que vio a Bonnie ser arrastrada por una corriente, seguida por Mitchel zambulléndose detrás de ella. Cuando ninguno regresó, Smith dijo que él y el conductor simplemente se marcharon y nunca informaron del accidente.

Sin embargo, cuando se le presentaron fotos, Smith no pudo identificar ni a Bonnie ni a Mitchel. Tampoco pudo describir lo que llevaban puesto. También se negó a tomar una prueba de polígrafo. Además, tras las afirmaciones de Smith, las autoridades investigaron todas las oficinas forenses de la zona y descubrieron que no habían aparecido cadáveres ahogados en el momento en cuestión. Eso deja solo más preguntas.

Bonnie tendría 59 años ahora. Mitchel tendría 60 años. Sus familias mantienen un sitio web activo y agradecen cualquier ayuda para descubrir la verdad.

Conclusión

No hay duda de que estas historias fueron inquietantes, misteriosas, extrañas y sumamente interesantes. Seguramente, mientras estás leyendo estas palabras, sigues preguntándote qué sucedió con la colonia de Roanoke, en dónde se encuentra Johnny Gosch, qué le sucedió a la tripulación del Carroll A. Deering y qué les pasó a los pobres adolescentes enamorados, Bonnie y Mitchel.

Definitivamente, esta compilación de historias misteriosas despertó mi mente y curiosidad, y seguramente para ti también sucedió, acercándote a lo no resuelto y a tu lado de detective, ya que algo cierto es que cada uno de estos finales sin resolver inquietan tanto, que es imposible no querer saber más sobre lo que llevó a estas desapariciones en realidad.

En este libro, compilé para ti historias que hicieron cuestionarme al máximo sus causas y circunstancias, porque

Conclusión

la curiosidad que despiertan estas desapariciones repentinas de la faz de la tierra es algo que indudablemente, nos tiene a todos repensando lo que damos por sentado y si, en algún momento, nos podría pasar a nosotros.

Espero que hayas disfrutado estas historias recopiladas especialmente para ti, y que pronto podamos encontrar una buena respuesta a todas estas dudas y angustias que surgieron a lo largo del libro. Duerme bien y recuerda: ¡no dejes que circunstancias misteriosas te hagan desaparecer a ti también!

CPSIA information can be obtained
at www.ICGtesting.com
Printed in the USA
BVHW050249200223
658797BV00010B/1569